易でよみとく才能と人生

——自分だけの「生命の木」の育て方——

松山怜佳
Reika Matsuyama

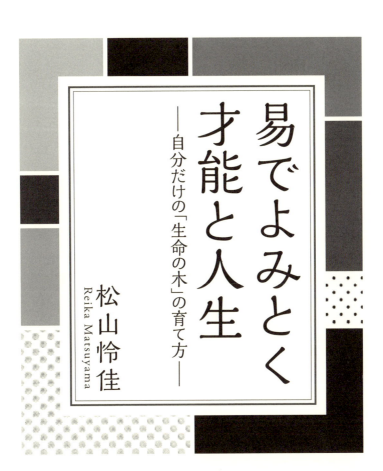

はじめに

「自分の性質を知る」ということは、人生においてとても大切な課題です。

なぜなら、小さな日常の一コマから、大きな問題に至るまで、考え方や決断や行動の大半が人の性質に左右されているからです。

この本は、人の性質を一粒の種子を命の根源として始まる「生命の木」に例えています。

種子は六種類でその一つの種子から10ずつ60種類の根の個性が生まれ、一つの根はさらに60種類の幹の個性に分かれて地上に伸びていきます。そして一つの幹からまた60種類の枝の個性が生まれ、たった一つの自分の花を咲かせさらに実を付けます。こうして生まれた人の「生命の木」には、７２３１８０日のたった一日に宿る個性が凝縮しています。

それは、１９８０年間同じ年月日の干支数の組み合わせがないことを意味しています。

この膨大な数字に気付き、改めて一人の命の誕生は、これほど数奇で尊い存在なのかという思いを強くしました。

誰も不幸や失敗を望まず、人それぞれ願いに応じた幸せを望んでいると思います。

　願う幸せは人それぞれですが、大きな願いになれば、共感する人たちとの共通の思いに発展していくでしょう。

　自分の行動が結果の明暗を分けるとしたら、一つ一つの行動の選択を行う「人の性質」はとても重要です。

　小さな選択のボタンを押すのも人、大きな選択のボタンを押すのも人なのです。

　どんな人にも強みや弱みがあるもので、強みには長所や才能を引き出す力があります。また弱みは欠点や苦手意識となり失敗や低迷の原因にもなります。強みや弱みを自覚できれば、長所を大いに伸ばして幸福を追求し、弱点を改善し修正することができるでしょう。

たとえ無自覚でいても、強みや弱みは「くせ」のように考えや行動に表れます。そして人間が植物と大きく違うところは、変化し進化するために自ら選択し行動できることです。

　強みと弱みは根と幹と枝の素質として、人の性質の奥深くに根付いています。そして時と場と相手や目的などの環境により、人の心の動きや選択や行動に表れ、変化し進化しながら、より複雑な性質を形成していきます。また一見反対にある強みと弱みは、紙の裏表のような関係で、時間と環境や目的により強みが弱みに、弱みが強みにもなります。まずは生まれた時に宿る個性の素質を知っていただきたく思います。

本書は、干支と易の探究から導いた、過去に類のない人の性質の見方です。種子と根と幹と枝葉が創造する、たった一つの「生命の木」の個性を生かし、様々な困難を乗り越え、幸福な人生を築いていただくための、「道しるべ」となればうれしく思います。

易や干支の理論の概要は第二章に記していますが、まずは理屈よりご自身で実感していただき、「生命の木の育て方」マニュアルとして、活用していただければと思います。

目次

第二章　啓山易学とは

装丁・デザイン　武田夕子

序章
この本の使い方

人も樹木のように根と幹と枝の個性がある

ある日とは○年○月○日のことで、三つの干支数で表されます。人の生年月日も年の干支、月の干支、日の干支があり、三つの干支数で一本の「生命の木」を形作っています。

干支の干は十種の幹を表わす十干で、支は十二種の枝を表す十二支です。十干と十二支は各々陽（1）と陰（0）があり、十二支の一つ一つが陰陽に応じて五種類の干と結びつきます。つまり〔5×12＝60〕で、十二支は五種類の幹を持つ60の干支になります。

そして○年○月○日の「一日」に根付く種子があります。それは六種類の生命の種子の一つで、6は生命の根源を示す数です。ある日に宿る種子の日は根、年は幹、月は枝の個性を凝縮した1980年目に宿る組み合わせとなり、たった一つ生命の木の個性の全容を示します。

根や幹や枝の干支の強み弱みの特性は、豊かな個性を創造していく素の性質素質といえます。

＊五種類の十二支

（子）甲《きのえ》子《ね》・丙《ひのえ》子《ね》・戊《つちのえ》子《ね》・庚《かのえ》子《ね》・壬《みずのえ》子《ね》

（丑）乙《きのと》丑《うし》・丁《ひのと》丑《うし》・己《つちのと》丑《うし》・辛《かのと》丑《うし》・癸《みずのと》丑《うし》

（寅）甲《きのえ》寅《とら》・丙《ひのえ》寅《とら》・戊《つちのえ》寅《とら》・庚《かのえ》寅《とら》・壬《みずのえ》寅《とら》

（卯）乙《きのと》卯《う》・丁《ひのと》卯《う》・己《つちのと》卯《う》・辛《かのと》卯《う》・癸《みずのと》卯《う》

（辰）甲《きのえ》辰《たつ》・丙《ひのえ》辰《たつ》・戊《つちのえ》辰《たつ》・庚《かのえ》辰《たつ》・壬《みずのえ》辰《たつ》

（巳）乙《きのと》巳《み》・丁《ひのと》巳《み》・己《つちのと》巳《み》・辛《かのと》巳《み》・癸《みずのと》巳《み》

（午）甲《きのえ》午《うま》・丙《ひのえ》午《うま》・戊《つちのえ》午《うま》・庚《かのえ》午《うま》・壬《みずのえ》午《うま》

（未）乙《きのと》未《ひつじ》・丁《ひのと》未《ひつじ》・己《つちのと》未《ひつじ》・辛《かのと》未《ひつじ》・癸《みずのと》未《ひつじ》

（申）甲《きのえ》申《さる》・丙《ひのえ》申《さる》・戊《つちのえ》申《さる》・庚《かのえ》申《さる》・壬《みずのえ》申《さる》

（酉）乙《きのと》酉《とり》・丁《ひのと》酉《とり》・己《つちのと》酉《とり》・辛《かのと》酉《とり》・癸《みずのと》酉《とり》

（戌）甲《きのえ》戌《いぬ》・丙《ひのえ》戌《いぬ》・戊《つちのえ》戌《いぬ》・庚《かのえ》戌《いぬ》・壬《みずのえ》戌《いぬ》

（亥）乙《きのと》亥《い》・丁《ひのと》亥《い》・己《つちのと》亥《い》・辛《かのと》亥《い》・癸《みずのと》亥《い》

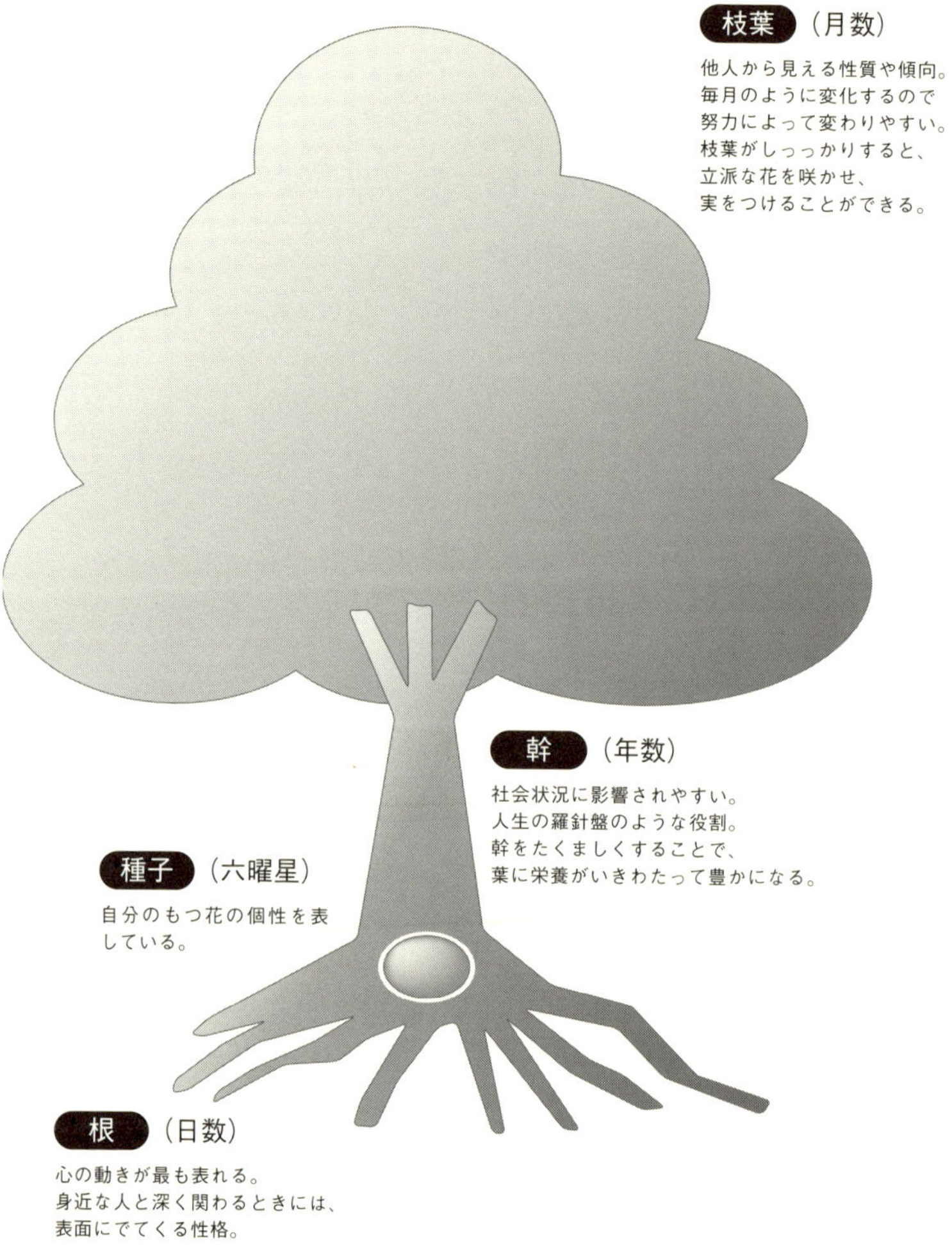
枝葉 （月数）
他人から見える性質や傾向。
毎月のように変化するので
努力によって変わりやすい。
枝葉がしっかりすると、
立派な花を咲かせ、
実をつけることができる。
幹 （年数）
社会状況に影響されやすい。
人生の羅針盤のような役割。
幹をたくましくすることで、
葉に栄養がいきわたって豊かになる。
種子 （六曜星）
自分のもつ花の個性を表
している。
根 （日数）
心の動きが最も表れる。
身近な人と深く関わるときには、
表面にでてくる性格。

あなたの“生命の木”の特長を知り
生き生きと育てることで、個性・才能を開花させ
人生を充実したものにすることを目指します

年・月・日の干支数の求め方

ある日の年月日の組み合わせは、1980年に一日しかない

＊生年月日の干支数を算出しよう

☆例・1981年（昭和56年）4月23日生まれのKさん

1　干支数算出表の1981年の欄を探し、横一列を見る

2　年数を導く…　年数欄の数58がそのまま年数。（年数は58）

3　月数を導く…　月数25に誕生月4を加える。25＋4＝29（月数は29）

4　日数を導く…　1981年の4月の数45に生日の23を加え、60を超える時は60を引く

45＋23＝68・68－60＝8（日数は8）

☆Kさんの年月日の干支数は

年数58・月数29・日数8です。

・この三つの数が年月日に再び訪れるのは誕生日から1980年後の西暦3961年4月23日です。

そして1980年遡る西暦元年4月23日が同じ干支数です。

・年数58は幹・月数29は枝・日数8は根を示す数です。

種子となる天性を導く

＊種子となる天性を導く…干支数算出表の23ページにある天性早見表を見る
☆日数8の属する天性のグループは土曜星　Kさんの天性（種子）は土曜星です。

＊天性は陽（1）と陰（0）があり、年数の奇数は陽（1）、偶数は陰（0）を示します。
☆Kさんの年数は58で偶数なので、土曜星の陰（0）となります。

Kさんの干支数・まとめ
年数（幹）58
月数（枝）29
日数（根）8
天性（種子）土曜星陰（0）

算出した干支数表はKさんの「生命の木」の全容です。
次のこの本の使い方を読み、第一章のマニュアルに進んでください

生年月日の干支数でわかること・使い方ナビ

＊第一章・1【干支数に宿る易のことば】でわかること

生年月日の三つの干支数に該当する易のことばをお読みください。

干支数の性質や時運・傾向などの道しるべとなり、心の動きや様々な選択の時、また行動する時の強み弱みの目安となり、干支数のバックボーンとなる易のことばです。

☆Kさんの例

・年数58（辛酉）→風地観（110.000）…幹の性質や傾向の道しるべになります
・月数29（壬辰）→火天大有（101.111）…枝の性質や傾向の道しるべになります
・日数8（辛未）→天雷无妄（111.001）…根の性質や傾向の道しるべになります

＊第一章・2【種子の名前は天性・六曜星】でわかること

日数は六種類の種子のどれか一つを特定し、種子の名前を天性・六曜星と呼びます。

天性・六曜星は10ずつの干支数のグループに分かれる六種類の種子の個性です。そして天性は、バラ科やユリ科などの花の種類を示す個性です。

天性・六曜星には季節のように春夏秋冬の生命リズムがあり、いつ花が咲き、実が付くかを教え、12で循環する年・月・日・時間の生かし方を知ることができます。

☆Kさんの例

日数8なので、1～10のグループ土曜星の個性を読み、年数58が偶数なので土曜星の陰（0）の生命リズムを生かしてください。

土曜星は春の土用に開花する瑞々しく清楚で可憐な花の個性ですが、春夏秋冬の季節に応じた働きや盛衰のリズムがあります。種子の個性を知り、生命リズムを知ることは、時の勢いをを生かして今やるべきことが分かり、個性に合う生き方を伸ばす目安となるでしょう。

＊第一章・3【日の干支数（日数）は種子から伸びる根の性質】でわかること

日数が示すのは、人の心を動かし、心に根付く性質で、木の全体に影響する根本となる性質です。根は土（環境）の養分を吸って成長し、幹を通して枝に栄養を送り続けます。

土の中に眠る根は、人の心の動きのように目に見えませんが、身近の人や深く関わる人には、考え方や志向として映り、親しいほど理解し影響する性質です。

根に持つ、根気が良い、根性が有るなど、根の性質を表すことばは数多くあります。

☆Kさんの例

日数8（辛未）の根の性質をお読みください。

＊第一章・4【年の干支数（年数）は根につながる幹の性質】でわかること

幹は生まれ年で、社会の状況や傾向が影響して人生を方向付けます。団塊世代やバブル世代、ゆとり世代といわれ傾向にもなり、また人の器ともいえる大きさや太さの個性も示します。

土から吸収した栄養は、根から幹を通して枝葉に送られ、また枝葉で吸収した栄養を根に運ぶ重要なパイプの役割です。そして根と共に樹木を支える根幹の働きがあり、人の考えや行動の軸となる性質や傾向を示します。枝とは違い状態や成長が見えにくい幹ですが、人の生き方を方向付ける重要な性質です。

☆Kさんの例

年数58（辛酉）の幹の性質をお読みください。

第一章・5【月の干支数（月数）は樹木の外観となる枝の性質】でわかること

月の干支数（月数）で枝の性質を知る

枝は幹から縦横に伸びて、葉をつけ、花を咲かせ、実を付けるので、枝に現れる性質はその人の外観となり、他人から見える性質や傾向そのものです。社会と関わる時、主に対人関係や仕事などの行動傾向に表れる性質です。

季節を巡る生命リズムを持つ種子の個性である天性・六曜星は、根と幹と枝を通じて葉や花や実の実態を現して自己主張します。枝の強さ弱さは花や実の形や大きさに影響し、種子に凝縮した個性は、根と幹を通じて最後に枝に到達してその正体を現します。

例えばリンゴの木の枝に多くの花が咲けば、花芽に実が宿り多数のリンゴの実が付きます。当然根も幹も重要ですが、枝は、花や実がなる重要な役割があり、毎月のように変化する枝は、自然や環境の影響を直接受けやすいのです。人の性質も強み弱みが直に周囲に影響をするため、他人から見える外観や傾向に現れるでしょう。しかし環境に応じて変化しやすいため、立場や役割や目的に応じて強みを伸ばし、弱みを改善し、努力して変えやすい性質でもあります。

☆Kさんの例

月数29（壬辰）の枝の性質をお読みください。

第一章の1～5を順に読んでいくと、Kさんの「生命の木」の性質の全容が見えてきます。

この手順に従い、自分や関わる人の生年月日の干支数を次の干支数算出表で算出し、天性・六曜星を導いてください。あなたの「生命の木」の種子や根や幹や枝の性質には、それぞれに強みや弱みがあり環境の中で多様な個性を育んでいます。根や幹や枝のどこかに弱みがあれば修正することで困難を乗り越える力に変わります。また強みは才能や得意を引き出す目安になるでしょう。そして生命リズムが時の生かし方を教えます。

天性の花を咲かせ、豊かな実がなるように、望む幸福に通じる道を開くために、たった一つの「生命の木」を上手に育んでください。

【啓山易学干支暦算出表1】(1918／大正7年～1947／昭和22年)

西暦	和暦	年数	月数	1月	2月	3月	4月	5月	6月	7月	8月	9月	10月	11月	12月
1918	大正7	55	49	44	15	43	14	44	15	45	16	47	17	48	18
1919	大正8	56	1	49	20	48	19	49	20	50	21	52	22	53	23
1920	大正9	57	13	54	25	54	25	55	26	56	27	58	28	59	29
1921	大正10	58	25	0	31	59	30	0	31	1	32	3	33	4	34
1922	大正11	59	37	5	36	4	35	5	36	6	37	8	38	9	39
1923	大正12	60	49	10	41	9	40	10	41	11	42	13	43	14	44
1924	大正13	1	1	15	46	15	46	16	47	17	48	19	49	20	50
1925	大正14	2	13	21	52	20	51	21	52	22	53	24	54	25	55
1926	昭和1	3	25	26	57	25	56	26	57	27	58	29	59	30	0
1927	昭和2	4	37	31	2	30	1	31	2	32	3	34	4	35	5
1928	昭和3	5	49	36	7	36	7	37	8	38	9	40	10	41	11
1929	昭和4	6	1	42	13	41	12	42	13	43	14	45	15	46	16
1930	昭和5	7	13	47	18	46	17	47	18	48	19	50	20	51	21
1931	昭和6	8	25	52	23	51	22	52	23	53	24	55	25	56	26
1932	昭和7	9	37	57	28	57	28	58	29	59	30	1	31	2	32
1933	昭和8	10	49	3	34	2	33	3	34	4	35	6	36	7	37
1934	昭和9	11	1	8	39	7	38	8	39	9	40	11	41	12	42
1935	昭和10	12	13	13	44	12	43	13	44	14	45	16	46	17	47
1936	昭和11	13	25	18	49	18	49	19	50	20	51	22	52	23	53
1937	昭和12	14	37	24	55	23	54	24	55	25	56	27	57	28	58
1938	昭和13	15	49	29	0	28	59	29	0	30	1	32	2	33	3
1939	昭和14	16	1	34	5	33	4	34	5	35	6	37	7	38	8
1940	昭和15	17	13	39	10	39	10	40	11	41	12	43	13	44	14
1941	昭和16	18	25	45	16	44	15	45	16	46	17	48	18	49	19
1942	昭和17	19	37	50	21	49	20	50	21	51	22	53	23	54	24
1943	昭和18	20	49	55	26	54	25	55	26	56	27	58	28	59	29
1944	昭和19	21	1	0	31	0	31	1	32	2	33	4	34	5	35
1945	昭和20	22	13	6	37	5	36	6	37	7	38	9	39	10	40
1946	昭和21	23	25	11	42	10	41	11	42	12	43	14	44	15	45
1947	昭和22	24	37	16	47	15	46	16	47	17	48	19	49	20	50

【啓山易学干支暦算出表2】（1948／昭和23年〜1977／昭和52年）

西暦	和暦	年数	月数	1月	2月	3月	4月	5月	6月	7月	8月	9月	10月	11月	12月
1948	昭和23	25	49	21	52	21	52	22	53	23	54	25	55	26	56
1949	昭和24	26	1	27	58	26	57	27	58	28	59	30	0	31	1
1950	昭和25	27	13	32	3	31	2	32	3	33	4	35	5	36	6
1951	昭和26	28	25	37	8	36	7	37	8	38	9	40	10	41	11
1952	昭和27	29	37	42	13	42	13	43	14	44	15	46	16	47	17
1953	昭和28	30	49	48	19	47	18	48	19	49	20	51	21	52	22
1954	昭和29	31	1	53	24	52	23	53	24	54	25	56	26	57	27
1955	昭和30	32	13	58	29	57	28	58	29	59	30	1	31	2	32
1956	昭和31	33	25	3	34	3	34	4	35	5	36	7	37	8	38
1957	昭和32	34	37	9	40	8	39	9	40	10	41	12	42	13	43
1958	昭和33	35	49	14	45	13	44	14	45	15	46	17	47	18	48
1959	昭和34	36	1	19	50	18	49	19	50	20	51	22	52	23	53
1960	昭和35	37	13	24	55	24	55	25	56	26	57	28	58	29	59
1961	昭和36	38	25	30	1	29	0	30	1	31	2	33	3	34	4
1962	昭和37	39	37	35	6	34	5	35	6	36	7	38	8	39	9
1963	昭和38	40	49	40	11	39	10	40	11	41	12	43	13	44	14
1964	昭和39	41	1	45	16	45	16	46	17	47	18	49	19	50	20
1965	昭和40	42	13	51	22	50	21	51	22	52	23	54	24	55	25
1966	昭和41	43	25	56	27	55	26	56	27	57	28	59	29	0	30
1967	昭和42	44	37	1	32	0	31	1	32	2	33	4	34	5	35
1968	昭和43	45	49	6	37	6	37	7	38	8	39	10	40	11	41
1969	昭和44	46	1	12	43	11	42	12	43	13	44	15	45	16	46
1970	昭和45	47	13	17	48	16	47	17	48	18	49	20	50	21	51
1971	昭和46	48	25	22	53	21	52	22	53	23	54	25	55	26	56
1972	昭和47	49	37	27	58	27	58	28	59	29	0	31	1	32	2
1973	昭和48	50	49	33	4	32	3	33	4	34	5	36	6	37	7
1974	昭和49	51	1	38	9	37	8	38	9	39	10	41	11	42	12
1975	昭和50	52	13	43	14	42	13	43	14	44	15	46	16	47	17
1976	昭和51	53	25	48	19	48	19	49	20	50	21	52	22	53	23
1977	昭和52	54	37	54	25	53	24	54	25	55	26	57	27	58	28

【啓山易学干支暦算出表3】（1978／昭和53年～2007／平成19年）

西暦	和暦	年数	月数	1月	2月	3月	4月	5月	6月	7月	8月	9月	10月	11月	12月
1978	昭和53	55	49	59	30	58	29	59	30	0	31	2	32	3	33
1979	昭和54	56	1	4	35	3	34	4	35	5	36	7	37	8	38
1980	昭和55	57	13	9	40	9	40	10	41	11	42	13	43	14	44
1981	昭和56	58	25	15	46	14	45	15	46	16	47	18	48	19	49
1982	昭和57	59	37	20	51	19	50	20	51	21	52	23	53	24	54
1983	昭和58	60	49	25	56	24	55	25	56	26	57	28	58	29	59
1984	昭和59	1	1	30	1	30	1	31	2	32	3	34	4	35	5
1985	昭和60	2	13	36	7	35	6	36	7	37	8	39	9	40	10
1986	昭和61	3	25	41	12	40	11	41	12	42	13	44	14	45	15
1987	昭和62	4	37	46	17	45	16	46	17	47	18	49	19	50	20
1988	昭和63	5	49	51	22	51	22	52	23	53	24	55	25	56	26
1989	平成1	6	1	57	28	56	27	57	28	58	29	0	30	1	31
1990	平成2	7	13	2	33	1	32	2	33	3	34	5	35	6	36
1991	平成3	8	25	7	38	6	37	7	38	8	39	10	40	11	41
1992	平成4	9	37	12	43	12	43	13	44	14	45	16	46	17	47
1993	平成5	10	49	18	49	17	48	18	49	19	50	21	51	22	52
1994	平成6	11	1	23	54	22	53	23	54	24	55	26	56	27	57
1995	平成7	12	13	28	59	27	58	28	59	29	0	31	1	32	2
1996	平成8	13	25	33	4	33	4	34	5	35	6	37	7	38	8
1997	平成9	14	37	39	10	38	9	39	10	40	11	42	12	43	13
1998	平成10	15	49	44	15	43	14	44	15	45	16	47	17	48	18
1999	平成11	16	1	49	20	48	19	49	20	50	21	52	22	53	23
2000	平成12	17	13	54	25	54	25	55	26	56	27	58	28	59	29
2001	平成13	18	25	0	31	59	30	0	31	1	32	3	33	4	34
2002	平成14	19	37	5	36	4	35	5	36	6	37	8	38	9	39
2003	平成15	20	49	10	41	9	40	10	41	11	42	13	43	14	44
2004	平成16	21	1	15	46	15	46	16	47	17	48	19	49	20	50
2005	平成17	22	13	21	52	20	51	21	52	22	53	24	54	25	55
2006	平成18	23	25	26	57	25	56	26	57	27	58	29	59	30	0
2007	平成19	24	37	31	2	30	1	31	2	32	3	34	4	35	5

【啓山易学干支暦算出表4】（2008／平成20年〜2021／平成33年）

西暦	和暦	年数	月数	1月	2月	3月	4月	5月	6月	7月	8月	9月	10月	11月	12月
2008	平成20	25	49	36	7	36	7	37	8	38	9	40	10	41	11
2009	平成21	26	1	42	13	41	12	42	13	43	14	45	15	46	16
2010	平成22	27	13	47	18	46	17	47	18	48	19	50	20	51	21
2011	平成23	28	25	52	23	51	22	52	23	53	24	55	25	56	26
2012	平成24	29	37	57	28	57	28	58	29	59	30	1	31	2	32
2013	平成25	30	49	3	34	2	33	3	34	4	35	6	36	7	37
2014	平成26	31	1	8	39	7	38	8	39	9	40	11	41	12	42
2015	平成27	32	13	13	44	12	43	13	44	14	45	16	46	17	47
2016	平成28	33	25	18	49	18	49	19	50	20	51	22	52	23	53
2017	平成29	34	37	24	55	23	54	24	55	25	56	27	57	28	58
2018	平成30	35	49	29	0	28	59	29	0	30	1	32	2	33	3
2019	平成31	36	1	34	5	33	4	34	5	35	6	37	7	38	8
2020	平成32	37	13	39	10	39	10	40	11	41	12	43	13	44	14
2021	平成33	38	25	45	16	44	15	45	16	46	17	48	18	49	19

【六十干支・天性（六曜星）早見表】

日数のグループ（横一列）										年の干支数	天性
1 甲子《きのえね》	2 乙丑《きのとうし》	3 丙寅《ひのえとら》	4 丁卯《ひのとう》	5 戊辰《つちのえたつ》	6 己巳《つちのとみ》	7 庚午《かのえうま》	8 辛未《かのとひつじ》	9 壬申《みずのえさる》	10 癸酉《みずのととり》	奇数1(陽) 偶数0(陰)	土曜星
11 甲戌《きのえいぬ》	12 乙亥《きのとい》	13 丙子《ひのえね》	14 丁丑《ひのとうし》	15 戊寅《つちのえとら》	16 己卯《つちのとう》	17 庚辰《かのえたつ》	18 辛巳《かのとみ》	19 壬午《みずのえうま》	20 癸未《みずのとひつじ》	奇数1(陽) 偶数0(陰)	金曜星
21 甲申《きのえさる》	22 乙酉《きのととり》	23 丙戌《ひのえいぬ》	24 丁亥《ひのとい》	25 戊子《つちのえね》	26 己丑《つちのとうし》	27 庚寅《かのえとら》	28 辛卯《かのとう》	29 壬辰《みずのえたつ》	30 癸巳《みずのとみ》	奇数1(陽) 偶数0(陰)	火曜星
31 甲午《きのえうま》	32 乙未《きのとひつじ》	33 丙申《ひのえさる》	34 丁酉《ひのととり》	35 戊戌《つちのえいぬ》	36 己亥《つちのとい》	37 庚子《かのえね》	38 辛丑《かのとうし》	39 壬寅《みずのえとら》	40 癸卯《みずのとう》	奇数1(陽) 偶数0(陰)	月曜星
41 甲辰《きのえたつ》	42 乙巳《きのとみ》	43 丙午《ひのえうま》	44 丁未《ひのとひつじ》	45 戊申《つちのえさる》	46 己酉《つちのととり》	47 庚戌《かのえいぬ》	48 辛亥《かのとい》	49 壬子《みずのえね》	50 癸丑《みずのとうし》	奇数1(陽) 偶数0(陰)	木曜星
51 甲寅《きのえとら》	52 乙卯《きのとう》	53 丙辰《ひのえたつ》	54 丁巳《ひのとみ》	55 戊午《つちのえうま》	56 己未《つちのとひつじ》	57 庚申《かのえさる》	58 辛酉《かのととり》	59 壬戌《みずのえいぬ》	60 癸亥《みずのとい》	奇数1(陽) 偶数0(陰)	水曜星

第一章

干支と易でよみとく
自分だけの「生命の木」の育て方

*干支と易でよみとく自分だけの「生命の木」の育て方

「生命の木」の種子は日の干支数が示します。日数の干支が10ずつ六種類の天性・六曜星となり、地中に宿る生命の種子の個性となります。1から10ずつ土曜星、金曜星、火曜星、月曜星、木曜星、水曜星の種子があり、あなたの日数は六曜星のどれかに属します。生命の遺伝子情報が凝縮している種子の個性は、時を刻む一定の生命リズムをもち、季節に応じて生長し、花や実となり次世代へつなぐ使命を持つ天性です。時には地上の幹や枝は様々な環境の中で種子の記憶を忘れて、違う花を咲かせようとします。桜はバラになれず、また桃の木にリンゴはならないのです。六曜星の個性と生命リズムを幹や枝に浸透させましょう。

根は種子である六曜星から各々10種類生じ、同じ生まれ日の干支数が根の性質を示します。見えない心を動かし、外に見える幹や枝を支えています。根の性質は、より強い根・心を育む目安です。特に同じ場や時を共有する家族や身近の関係では、根の性質が重要になります。

根が伸び伸びと根付き、強い根に育つために根の性質を上手に育みましょう。

幹は生まれ年の干支数が示し、60種類の人生傾向を現します。当然時流の影響を受けますが、根と共に根幹となり人生を方向付ける性質です。幹の太さや強さは、その人の力量や器を示しますが、幹の性質を知ることで方向を定め、羅針盤のように舵をとれるでしょう。

枝は生まれ月の干支数が示し60種類あります。枝は葉や花や実がなるところで、他から見える木の外観です。性質も外に見えやすく、日々の行動や人間関係に現れます。

仕事など社会的な関係では、思い当たる弱点を修正し、さらに長所を磨き、得意を伸ばして、元気な花を咲かせ実を付けましょう。また幹や根を傷めるほど枝葉の勢いが強い時は、枝を剪定するように、発展の欲望を絞り込み修正することも必要です。枝葉が繁茂し過ぎると根幹が枝を支えきれず、花や実の生育に影響します。天性である種子の使命は、枝に花を咲かせ実をつけて次世代へ種子を残すことなのです。そして外に見える枝の性質は環境や立場に応じて変化しやすい特性があります。生命リズムに合わせて良い変化を心がけましょう。

六種類の種子に60種類の根、60種類の幹に、60種類の枝、そして枝には天性の種子の個性の花が開きます。膨大な情報を秘めた複雑な人の性質が持つ可能性や方向性、強みや弱みを知るために、年月日のそれぞれの基本となる60種の見方を目安にしてください。

何より自分はたった一つの花の個性、オンリーワンであることを大切に考えていただきたいのです。一粒の種子から伸びる「生命の木」は、一生の間にどれだけ伸びていくでしょうか。そして何度花を咲かせ、実を付けて、子供や孫の種子をたくさん残せるでしょうか。天性の命を大切に思い、自分らしく個性を伸ばして、あなたの生命の木を上手に育ててください。他のどんな日も同じ干支数の組み合わせはありません。そして良い素質も悪い素質もありません。しかし、育て方の難しい素質はあります。素直に伸ばせば大きく立派な花が咲く素質もあります。環境に恵まれずに伸び悩み、また恵まれすぎて素質を生かせないこともあります。一人ひとり異なる環境に生きているため、どう育っていくかは未知数なのです。

苦しい時は誰にもありますが、性質の違いで感じ方は様々でしょう。そしてどんな状況も時と共に必ず変化していきます。人も生まれた時の素質を起点に時と共に変化していきます。

第一章では、種子と根と幹と枝、それぞれの干支数の基となる易のことばと共に、潜在的な素質の必要なところを読めるように、1から5までマニュアル化しています。

ここに表す性質は誕生日に宿る素質ですが、くせのように無意識に現れやすいのです。

そしてどう生かし変えていくかはあなた自身のこれからにかかっています。季節ごとに花が咲くように、自分の花のシーズンを知って、良い花を咲かせ実を付けるために、努力と工夫による変化をぜひ体感してください。

自分の人生を環境や誰かのせいと思わずに、環境の中でよりよく変化していくために、自分の力でできることを、前向きに実行していただきたいのです。

特に30代40代は、様々な岐路に立つ年代です。それなりに人生経験を積み、かなり長い未来がありますがそうのんびりもできないでしょう。これからの人生を極力後悔を少なく喜びの多い人生へと修正する好機ともいえます。一人ひとり抱えている問題は異なりますが、自分と向き合うための一助となればとてもうれしく思います。

第一章

干支と易でよみとく
自分だけの「生命の木」の育て方

干支数に宿る易のことば
干支数に重なる易のことばから
干支の性質の強みや弱みを知ろう

干支数1　甲子《きのえね》に重なる易のことば

地雷復（ちらいふく）　生命の種子・希望や願い・本心の目覚め

干支数1の甲子は、心の奥に目覚める希望や夢や志を表す易の地雷復《ちらいふく》と重なります。希望は土の中の種子でもあり、種子は凝縮した強い生命力と豊かな潜在能力を秘めています。生まれた年や月や日のどこかに干支数1がある人は、この地雷復の性質や傾向を宿しています。土の中の種子が地上に芽吹くには長い時が必要で、その間には様々な障害や試練があり、苦労や挫折もあります。

困難が多い分地雷復の性質は、緻密さや根気や勤勉さなどが備わります。なかなか芽が出なくても、また簡単に願いがかなわなくても、初心の思いを持続して実力を養えば、徐々に能力が磨かれて努力が報われ、必ず夢や希望が実現する時が訪れるでしょう。成功を焦らずに、優れた指導者を求めて研鑽し、良い友や仲間と親しんで一人で苦しみや悩みを深めないことが大切です。厳しい鍛錬が必要なことや、根気や忍耐を伴う困難な分野ほど才能が開花する可能性が高まります。

地雷復は一粒の種が大地に育まれて春の訪れを待つ情景で、春に芽吹く新芽は新たな生命の始まりであり未来の希望です。季節は冬至の頃で、春はまだ遠く、うかつに芽を出せば凍えて枯れてしまう厳寒の冬を示します。力を発揮するには人一倍の忍耐と堅実な努力の時が必要ですが、やがて大きく花開く素質を秘めているのです。

干支数2　乙丑《きのとうし》に重なる易のことば

山雷頤《100001》（さんらいい）　心身を養う・欲望をかみ砕き加減する力

干支数2の乙丑は、我慢強く欲望を抑える力や慎重さを表す、易の山雷頤《さんらいい》と重なります。生まれた年や月や日のどこかに干支数2がある人は、山雷頤の性質や傾向を宿しています。

人の欲望は発展の原動力ですが、果てしなくきりのない欲望は逆に身を滅ぼす原因になるでしょう。人を船に、願いや欲望を積み荷とすると、船と荷物は、人の力量と欲望のバランスに例えられます。欲しいもの、やりたいこと、望みや願いは意欲や元気を生んで活動する力になりますが、それが本当に望むものかをよく考えること、また必要な力を着実に養って行動することで成功を引き寄せます。

山雷頤の性質は、腰が重く行動するまでに時間がかかる傾向があります。その分思慮深く慎重で、物ごとの善悪や必要を見極めてから実行するため、失敗が少なく、着実に信頼と実力を認められていきます。

易の山雷頤の頤《い》は上下のあごの事で、口を表します。「病は口から入り、災いは口から出る」ということわざがあり、口はきれいで慎み深くして災いを防ぐことの教えです。よくかめば栄養の吸収が高まって自然に生命力が増し、また良くかみ砕いてことばを出せば失敗を防いで信頼が高まります。この性質を長所に生かせば人を動かす力に発展するでしょう。

易
日
年
月

干支数3　丙寅《ひのえとら》に重なる易のことば

010001
水雷屯（すいらいちゅん）　胎動・生みの苦しみを乗り越えて

水雷屯《すいらいちゅん》は新たな世界を切り開く生みの苦しみのことです。土の中の種子は大地を破って芽を出し、人の子も母の胎内からお産の苦しみを経て誕生します。新たな世界を切り開く生みの苦しみは、限界を超える強い力を引き出します。生まれた年や月や日のどこかに干支数3がある人は、水雷屯の性質や傾向を宿しています。

季節は立春の頃で暦の上では春ですが、まだ外気は冷たく、早く地上に芽を出せば凍えて枯れることもあります。人も若さの勢いで未知の世界に飛び出せば、様々な困難に阻まれて行き詰まることが多いでしょう。予想外の危険や困難に遭遇した時、力不足で無謀に行動すると時には命の危険もあります。

胎児も月が満ちる前の早産は危険が増すことと似ています。願いや目標を達成するためには、必要な準備をして機が熟すまで待つことが大切で、性急で短気な動きは行き詰まることが多いのです。挫折を防ぐには、時には経験者の知恵を借り、また必要な勉強をし、良い仲間と集い、心身を整えて好機を待つことです。忍耐は望む未来や理想とする道を切り開く、強いパワーを引き出すでしょう。

水雷屯は何かを始める時の生みの苦労を示しますが、その分乗り越える強さと能力を備えています。様々な苦労を乗り越えて明るく強く賢明に幸福を追求しましょう。

干支数4　丁卯《ひのとう》に重なる易のことば

風雷益《110001》（ふうらいえき）　自由と平和の道・信頼と和合

誰もが願う自由と平和は上下の思いが一つになって築かれます。仕事の上下関係はもとより、恋人や夫婦の間にも信頼と共感があればとてもスムーズで円満でしょう。共通の願いに向かう人たちの間に信頼があれば、共感し助け合う平和な関係が生まれます。

生まれた年や月や日のどこかに干支数4がある人は、風雷益《ふうらいえき》の性質や傾向を宿しています。

誰かを信じてその理想や願いに共感する時、できる限りの奉仕や献身をして支える人たちがいます。その行いは夫の夢のために尽くす献身的な妻のようです。夫はその思いに応えて大いに力を発揮して、目的を実現するために働きます。そして目的を達成した時、その利益を支えてくれた人たちに公平に還元します。こうして自由と平和の世界が築かれるのです。

信頼し共感して支える人たちの無償の奉仕が、「損して得を取る」ということばを生みました。

風雷益の性質は多くの無償の奉仕や献身に対して、その恩恵に報いる誠実さがあり、自ずと信頼関係が築かれて、自由で大らかに親しみ合える平和な生活が保たれるでしょう。

発展への意欲が旺盛で活気にあふれ、判断力や行動力があり、穏やかで思いやりがあります。

若い時から損得抜きで共感できる人を求め、深い信頼を結ぶことが愛情に満ちた安定した生活を導きます。

易
日
年
月

干支数5　戊辰《つちのえたつ》に重なる易のことば

震為雷《001001》（しんいらい）　突如雷鳴が轟く・冷静沈着な行動を促す

突如暗雲が垂れ込めて稲妻が走り、大きな雷鳴がとどろく時、慌てて座り込む人、安全な場所へ避難する人など様々な動きが見えます。震為雷は突然雷が落ちそうな時の対処の仕方を説いています。生まれた年や月や日のどこかに干支数5がある人はこの震為雷《しんいらい》の性質や傾向を宿しています。

突然鳴り響く雷鳴は迫る危険を教え、同時に春が近づく喜びを知らせます。春が来れば伸び伸びと活動できますが、雷鳴が過ぎ去る前に焦って動けば雷に打たれる心配があります。危険が去るまで、身の安全を確保することを第一に考えることが大切です。雷は怖いですが、安全な場所に居れば、過ぎ去った後には「凄かったね」と笑い合えるものです。

危機に対して警戒心をもって身の安全を優先し、災難を避ければ過ぎ去った後に喜びの時が来ます。また様々な刺激は人の感性を目覚めさせ、知性を磨き発展の力になります。半面、欲望を刺激して貪欲にもなります。刺激を受けて自分を鍛え磨ける人は、大いに活躍し発展する時が訪れるでしょう。

震為雷は雷鳴に驚き、土の中の虫たちが目覚めて活動を始める季節の情景で、春雷は閉じていた道が開くことを示す吉兆です。焦らず雨が潤す時を待ち大らかに活躍しましょう。

干支数6　己《つちのと》巳《み》に重なる易のことば

101001 火雷噬嗑（からいぜいこう）　責任と罰則の有り方・和を阻む障害を除く

噬嗑《ぜいこう》は難しい漢字ですが噛み合わせのことで、上下の歯で障害をかみ砕く能力を示します。人は優しさや温情だけでは口先だけの反省を繰り返して改めないことが多く、人々の平和を守るために規律や秩序を設けて障害を取り除くことが必要という教えです。生まれた年や月や日のどこかに、干支数6がある人は、火雷噬嗑《からいぜいこう》の性質や傾向を宿しています。

平和な暮らしが発展していくと、慢心して怠けたり私利私欲で動く人が増えて、行き詰まりや困難な問題が生じてきます。志が純粋な人ほど腐敗した状況に憤り、平和や秩序を守る責任や役割に苦悩し、障害を排除し悪事を防ぐ厳しさが必要と考えるようになります。そこでルールや規則を設けて、違反に対して厳しく罰することを支持し、人の上に立てば時には雷のような激しさで、毅然として罰を与えるでしょう。このような一途な純粋さは心の狭さにも通じます。厳しさが行き過ぎないよう、極力柔軟に問題をかみ砕き、急がず焦らず心の余裕を持つことが大切です。大らかさを失わなければ、火のような情熱は太陽のような公平な光に変えることができます。

火雷噬嗑の性質は、持ち前の正義感や熱意を正しく生かすことが大切で、内面の激しさを加減できれば、平和と繁栄に貢献する優れた能力を発揮できるでしょう。

干支数7　庚午《かのえうま》に重なる易のことば

011001 沢雷随（たくらいずい）　何に随うか・欲望に流されず正しい道に随う

正しい道を進む人には誠実な人が集まり発展の道が開け、私利私欲で動く人には貪欲な人が群れて腐敗が始まります。誰に随うかの判断は、人生を左右する重要な問題です。生まれ年や月や日のどこかに干支数7がある人は、沢雷随《たくらいずい》の性質や傾向を宿しています。

私利私欲の強い人に随うと、純粋な思いや情熱が間違った道に導かれていきます。反対に健全で節度のある人に交われば、自ずと良い影響を受けて平和で喜び多い日常になるでしょう。

沢雷随の性質は純粋な心を持つ上に柔順なので、良くも悪くも環境に染まりやすい傾向があります。そこで柔軟な若い時ほど優れた人の影響を受けることが、明るく平和な人生を築くためにとても大切です。

この卦は少女に中年男性が喜んで随う情景ですが、情欲とお金が絡めば行く末が大いに不安です。不健全な欲望で動く人は、他人に対して傲慢で冷酷になりやすく、幸せな未来は望めないでしょう。純粋な若い時ほど人間関係や環境を選ぶことが大切です。

安易な好奇心や欲望で動かないために、また間違いや守るものに気付くために、読書や静かに考える時間をもち、親友と語り合い、家族との食事を楽しむ習慣をもちましょう。

謙虚に一日を振り返る時間は純粋な心の栄養となり、心豊かで穏やかな人生となるでしょう。

干支数8　辛未《かのとひつじ》に重なる易のことば

天雷无妄《111001》（てんらいむぼう）　時流に乗る・悲観せず達観する農民の強さ

人生には予期せぬ出来事や、期待や思惑通りにはいかないことがあります。そのような時に動揺してむやみに動き回り、また安易に裏工作などをすると、逆効果となり混乱を深めるでしょう。どんな状況でも現実をありのまま受け入れて順応し、成り行きに応じて動く達観した心は苦難を乗り越える強さです。生まれ年や月や日のどこかに干支数8がある人は、天雷无妄《てんらいむぼう》の性質や傾向を宿しています。

最大の長所は、何が起きてもありのままを受けいれてしまう器の大きさと懐の深さです。悲しみ、苦しみに鈍いのではなく、小さな花の命も慈しみ豊かな感性がありますが、起きてしまった現実を受け入れる強さがあるのです。深い悲しみや天災などの苦難の現実は否定しても元に戻ることはなく、悲しみや苦難の事実を受け入れて生きるしかありません。

時の流れの中で起こる予期せぬ出来事を達観する強さは、次の動きを考える力に変わります。このような強い精神力は、古代から苦難の歴史を歩んだ農民の強さに例えられます。時の勢いに逆らわず激流を生きぬく強い心です。

表面は穏やかでつかみどころがなくみえますが、物事を達観して次の一手を考える力があり、自ずと人が集まり機会を得て大成していくでしょう。

干支数9　壬申《みずのえさる》に重なる易のことば

地火明夷《000101》（ちかめいい）　不遇に鍛えられる・困難に勝つ賢人の対処法

明夷《めいい》は太陽が沈んだ後の暗闇の世界で、朝日が昇る時を待ちじっと耐えている情景です。愚かな人が上に立ち、有能な人が虐げられている世の中にも例えられます。

先の見えない不安や理不尽な境遇でも自らを高める努力を忘れず、周囲を感化するほどの立派な気質を示します。生まれ年や月や日のどこかに干支数9がある人は、地火明夷《ちかめいい》の性質や傾向を宿しています。

明夷の性質は強い者に群れる意識が希薄なので、主流派に敬遠されて本来の力をなかなか生かせないかもしれません。でも身近に接する人は、優れた能力を理解し期待もしています。

また良い時も偉ぶらない謙虚な人柄を慕い親しむ人たちに守られ、対立する側からも侮れない存在のため、不遇な時もある程度の立場を保てるでしょう。

不遇な時は権力者と敵対しないよう、能あるタカは爪を隠すように知性や能力を隠して、愚かな振りをするしたたかさがあります。警戒心を働かせてじっと耐え忍べば、やがて頭上に朝日が昇るように浮上する時がやってきます。多くの人の信愛に守られ、期待に応えて実力を発揮する時が来れば、大きな成功へ導かれる素質があります。しかし激しい闘争的な人生より安定した穏やかな日常を望む可能性も高いでしょう。

干支数10　癸酉《みずのとり》に重なる易のことば

100101
山火賁（さんかひ）　沈む夕日は終息への輝き・虚飾を戒める

山《さん》火《か》賁《ひ》は輝く夕日が山を染めている美しい景色です。しかし夕日の輝きは繁栄から終息へ向かう合図で、動から静へと切り替えることを促します。生まれた年や月や日のどこかに干支数10がある人は、この山火賁の性質や傾向を宿しています。

秋の実りを収穫した後の夕日は、一日の労をいやし一年の労働を称える輝きです。しかし間もなく日が落ちて暗い夜が来ることを知らせ、人を休息と眠りへといざない、新たな活力の充電を促します。人は成功し繁栄すると慢心して有頂天になりやすいものです。そして周囲には恩恵にあずかろうとする人が群がり、楽しさに時を忘れ、遊興し浪費して秩序が乱れて衰退することはよくある話です。賢明な人は成功や繁栄は衰退の始まりと憂い、実りや収穫は長い冬を越す備えと思い蓄えます。

賁《ひ》は「飾る」と「破れる」という意味があり、豊かさや幸せに慢心すると徐々に素朴な生命力を失い、外見を飾り内面の深みを失っていきます。虚飾や粉飾は、衰退が訪れてもまだ表面の輝きを保とうとする虚しい努力です。この卦は、沈む夕日に農民が祈りを捧げる情景と重なります。夕陽は一日の努力の成果を賞賛する輝きですが、まもなく夜が来ることを忘れずに、蓄積して備え余力を保つことができれば安泰です。

易
日
年
月

干支数11　甲戌《きのえいぬ》に重なる易のことば

風火家人（ふうかかじん）　家内安泰・信愛・大事なものを守る強さ

家人《かじん》は文字通り家族を表しています。信頼し寄り添うことができる家族の存在は、苦しい時を乗り越える力となるでしょう。生まれ年や月や日のどこかに干支数11がある人は、この風火家人《ふうかかじん》の性質や傾向を宿しています。

家庭は夫婦が基本ですが、実際は母や妻という女性の存在が中心であり、心安らぐ温かな家庭を保つ良妻賢母を連想します。風火家人の性質も包み込む優しさがあり、家庭的で家族への思いや守る意識が強く、また守るものがあるからこそ心が安定します。支えとなる守るものを失くせば、生きがいも失くすかもしれません。家族愛に似た感情は、共通の目標や思いでつながる集団や組織への忠誠心にも通じます。

家人は気配りが利き温かで安定した好感度の高い性質ですが、羨望や妬みを買うことがあり、もめ事に巻き込まれ理不尽な扱いを受けることもありえます。信頼が崩壊するような出来事は、思いが強いだけに苦しむでしょう。しかし相手に怒りをぶつけて争っても困難が深まるばかりで賢明とは言えません。困難な時に苦労や悩みを共有して、心を通わせ寄り添い支える家族や同志は、困難を乗り越える力になります。関わる人の融和に努め、様々な困難を克服して、共に苦労してこそ情愛が深まり真の絆が生まれます。

干支数12　乙亥《きのとい》に重なる易のことば

001101 雷火豊（らいかほう）　豊かさに慢心しない賢く謙虚な心・衰退への不安

豊の字が示すように、繁栄と活気に恵まれる豊かな情景を表しています。人生には頭上に太陽が輝くような隆盛の時がありますが、夕べには太陽が沈むように永久には続かず、また豊かな繁栄の時にもそれ相当の問題を抱え、処理を誤れば瞬く間に衰退していくでしょう。

生まれた年や月や日のどこかに干支数12がある人は、この雷火豊《らいかほう》の性質や傾向を宿しています。恵まれた状況でもおごらず、慢心して妬みを買わないよう細心の注意をします。警戒心が強く臆病なほどですが、衰退を恐れ不安が強すぎるところがあります。

成熟した心をもち公平で謙虚な性質で、人も船のように荷を積み過ぎると船が傾くと思い、常に力量を超えないよう欲望を抑えるでしょう。郷に入れば郷に従い、人が苦しんでいる時は、自分も質素倹約する我慢強さや誠実さがあり、豊かな時に欲望を抑え収束に備える力は、繁栄と豊かさを長く持続するために大切な生き方です。しかし不安に対する直感が鋭すぎて、取り越し苦労が多いと日常を楽しむ余裕もなくします。いくら用心し辛抱しても、発展と終息を繰り返す時の流れは止められないと達観することも必要でしょう。

幸せを満喫する時も、若さ溢れる時も、衰退の時や老いる時を思い、他を労わる気持ちがあれば十分と思い、穏やかに心豊かな日々を過ごすことが大切です。

干支数13　丙子《ひのえね》に重なる易のことば

101101 離為火（りいか）　離は火で、火が二つ並び燃え盛る激しさを示す

燃える火はあちこちに燃え移り、燃えて付く意味があります。人もある限りの知性や能力を自分の中に根付けて壮んに燃えていきます。炎のような勢いがあり、多くの能力を秘めていますが、難を言えば勢いが強すぎることでしょう。生まれた年や月や日のどこかに干支数13がある人は、この離《り》為《い》火《か》の性質や傾向を宿しています。

華やかで人を惹きつけるカリスマ性がありますが、一方では緻密で繊細な思考とクールな心が内面にあります。意欲的で行動力もありますが、情熱や勢いをプラスに生かすには、目標の一歩を実現可能なところに置き、確実にやり遂げて成功体験を積み重ねて行くことが大切です。

また強い意欲や活動力を、周囲の願いや共通の目的のために生かせたら、太陽のように皆を照らし輝く存在になるでしょう。

次々と欲を出して行動すると、問題を抱え過ぎてバランスを崩し、激しく強いだけに津波に遭うように根こそぎ流されて土台を失う心配があります。

周囲の人たちが何を望むかを見極めて、時代の流れに調和して動けば、困難を抱えても、激流に耐えて持ちこたえる力があります。自分に根付いた能力を存分に発揮して、人の不幸に心痛め、様々な災いを取り除いていけば、周囲を照らす大きな存在となるでしょう。

干支数14　丁丑《ひのとうし》に重なる易のことば

沢火革《011101》（たくかかく）　改革の道筋・改革の後に君子は豹変す

革《かく》は大きくは革命で、小さくは日常の改革や刷新の道筋を示します。

人が集まると考えが対立した勢力が生まれます。その一方が弱い立場になり、不公平や不満が積み重なると改革への願いが膨らんでいきます。生まれた年や月や日のどこかに干支数14がある人は、既存のものを改革する力、沢火革《たくかかく》の性質や傾向を宿しています。

目的の実現のためには対立する相手をつぶす勢いで行動し、成功の後は柔和で穏やかになることを、豹変《ひょうへん》するといいます。語源は「君子豹変す」で、沢火革から出たことばです。

勇猛果敢に革命を実行し、成功の後は優雅に変身して人々を安定に導くことで、本来は美しく変化することをいいます。沢火革の性質は、外見は柔和で穏やかですが内面は激しく情熱的で知性と行動力を兼ね備えています。目標に向かい意欲的ですが、理想や理屈だけでは人が従わず、成功するためには周囲の理解が不可欠です。そのためには良い師をもち、良い友と交わり、仲間と思いを共有することが大切で、強い信頼関係のバックボーンを築くことが大切です。

唐突に激しさと柔和さ、冷たさと温かさが変化すると、力があるだけに、周囲を委縮させる心配があります。感情のコントロールと同時に、身内の信頼を築くことで成功と安定を導けるでしょう。

干支数15　戊寅《つちのえとら》に重なる易のことば

天火同人（てんかどうじん）　類は友を呼び、同志が集い発展する

同人は目的を共有する同志のことで、志の実現のために人が集い、力を拡大していく様子です。

生まれた年や月や日のどこかに干支数15がある人は、大きく発展につながる天火同人《てんかどうじん》の性質や傾向を宿しています。

未来の夢は生きる力になりますが、その実現のために夢を目標にして、まず知識や技能を習得するために良い指導者を求め、自分を磨き鍛えることから具体的な一歩を踏み出します。

良い師の下には自然に良い弟子が集い、類は友を呼んで良いライバル良い仲間に恵まれ、未来の同志の絆が生まれてきます。やるべきことが明確になり、いざ行動開始となっても一人では大きな発展は望めず、具体的になるほど適材適所に人材が必要になります。

大きな仕事を成すためには、広く交流し共感する人と出会い、語り合い、絆を深め、思いに共感し、強いリーダーシップに惹かれて同志が集まってきます。

天火同人の性質は、安易に義理や縁故に頼らず、自力で社会的な人間関係を広げる力があり、人を惹きつける信頼感と魅力を備えています。

発展と成功に不可欠な良い人材を集める能力は、目的を実現し発展させる力となります。人に恵まれ人を惹きつけ導いていく大きな器と素質を宿しています。

干支数16　己卯《つちのとう》に重なる易のことば

000011 地沢臨（ちたくりん）　機を見て敏に動く・機が熟す・新たな希望を抱く

臨は、船上から間近に迫る陸を臨み、長い船旅を終えていよいよ上陸が近いと喜ぶ希望の卦です。

生まれた年や月や日のどこかに干支数16がある人は、この地沢臨《ちたくりん》の性質や傾向を宿しています。

未来の夢や希望を実現するために、果敢に開拓する前向きな性質で、「機を見て敏に」行動して願いをかなえます。失敗するとしたら、最後の詰めが甘く、あと少しのところであきらめてしまうことでしょう。希望がかなう気配に有頂天になり、確実になる前に動いてご破算にしたり、最後の詰めが甘く、中途で挫折することが一番の心配です。好機を待って動けば順調に伸展する勢いがあります。

母の胎内で育った子がいよいよ出産を迎える胎動の時を臨月といいます。そして親は皆無事生まれた子を慈しみ、高みに座る子の姿を臨み心に描きます。もし可愛さのあまり甘やかし放題にすれば、礼儀や秩序も身に付かず、幸せを遠ざけてしまうでしょう。また願いに手が届きそうでも焦らずに、確実につかむために思いを保ち続けて好機を待つことが大切です。

臨《りん》は希望に臨む吉兆を示しますが、好機を待ち動くこと、またあきらめず思いを持続することで、明るい未来を開く力が生まれます。

干支数17　庚辰《かのえたつ》に重なる易のことば

山沢損《100011》（さんたくそん）　損して得を取る道・理想のための犠牲と奉仕

損は損失や損害ですが、この損は喜んで行う奉仕のことで、共通の願いや理想の達成に向かう人を支え、無償の奉仕をする尊い自己犠牲の姿で、損益のことばの語源です。

生まれた年や月や日のどこかに干支数17がある人は、奉仕や献身を示す山沢損《さんたくそん》の性質や傾向を宿しています。若い純粋な男女の恋愛のように打算がなく、素直に共感する相手を選び、相手の心や思いに感応する豊かな感受性があります。

夢と理想のために頑張る若い夫は若妻の献身に支えられて大成し、やがて立派に成功した夫が妻の献身に報いる…こうして損益の帳尻が合うのです。そして虚勢を張らず、素朴な奉仕の心で今できる事を誠実に行うので、相手の心に強く響いて信頼が根付きます。大きな目的に共感して自分ができることを提供し、理想のために働く人へ奉仕することを、損と考えるか喜びとするかは本人の心が決める事ですが、その根底には相手への強い愛と信頼があります。

誰かの利益に貢献することで例え損をしても、そこに共感と信頼があれば喜んで自分のできる事を提供します。尽くされた相手も、成就すれば公正に利益を還元して信じて支えた人に報います。

これが「損して得を取る」ことです。理想に共感し支える強く優しい素質です。

干支数18　辛巳《かのとみ》に重なる易のことば

水沢節《010011》（すいたくせつ）　規律と制約・節度ある行いとは

季節には二十四節気があり季節の節目を表しますが、このような節目があって四季は滞ることなく変化していきます。「ここまで」「これ以上は」、など限度があるから人の生活の秩序が保たれます。節は節制や節度の大切さと、これを通すことの難しさを示します。

生まれた年や月や日のどこかに干支数18がある人は、まじめで節度のある性質や傾向を示すすいたく水沢節を宿しています。

小さな日常のことから、大きな国の問題まで、節目や節度がなくてはスムーズに運ぶことは難しいでしょう。水沢節は何かを考え、また行動する時に、様々な決まり事や規範を無視できないとても律儀な性質に表れます。環境や関わる人に配慮して周囲と摩擦を起こさず穏やかで思慮深く慎重ですが、その分改革には消極的で冒険心も希薄でしょう。

用心深く危ない橋は渡らず、環境や人間関係に気を使いすぎて臆病になり、目的を見失ってさ迷う人生にもなりかねません。節度は人が平和を望む中で生まれ、徐々に浸透して常識となり、暗黙の規律となっていくものです。原則に囚われて生き詰まらないよう、自分の考えや目的を実現するために、節度や節目を生かすことが発展のために大切です。

干支数19　壬午《みずのえうま》に重なる易のことば

風沢中孚《110011》（ふうたくちゅうふ）　誠意は親和の心の表れ・守り養う親心

中孚《ちゅうふ》の孚は卵をふ化することで、卵を温める親鳥のように子の成長を助け見守る無償の愛情です。生まれた年や月や日のどこかに干支数19がある人は、成長を助けひ護する風沢中孚《ふうたくちゅうふ》の性質や傾向を宿しています。

親が子を育み守るような心で人に接すると、その人は心から安心して頑張れそうです。鳥のひなは最初に見たものを親と思いこんで後を追うそうですが、中孚の性質は、信じて付いてくる人を、困ったと言いつつ守り続け、親鳥のように面倒見がよいでしょう。

ひなが感じる安心感は、繁栄を信じる民衆の安心感に似ています。日々変わらない繁栄を見せる王様の姿に、民衆は平和な日常を信じて安心して暮らし自分の仕事に励みます。

たとえ自分の力に限界があるとしても、信じて付いてくる人を見捨てない親心は尊敬に値します。でも現実には人の面倒を見る余裕がないことも多く、無理をすれば自分の船が傾いてしまうかもしれません。また面倒を見過ぎると、相手が依存して努力を忘れる心配もあります。

冷静に自分の力量を考えて、優しさを加減し見極めることが、安定を持続するために大切なことです。

干支数20　癸未《みずのとひつじ》に重なる易のことば

雷沢帰妹《001011》（らいたくきまい）　順序を逆行しても終わり良ければ吉

末娘が姉より先に嫁ぐ、少女が中年男性に嫁ぐなど、常識と逆行する人の結びつきは行く末が不安です。普通なら望めない楽を望み、早く財力や権力をつかみたいと願うのは悪いとは言えません。でも努力なしに楽を望むなら、相当の幸運の持ち主か巧みな社交術が必要でしょう。

生まれた年や月や日のどこかに干支数20がある人は、手順や常識に逆行する、雷沢帰妹《らいたくきまい》の性質や傾向を宿します。

女性は随い待つべきものという昔の考えでは、女性から男性に求愛することは恥ずべき事とされました。また少女が熟年者に嫁ぐ時は、政略結婚や功利的な事情によることが多いと思われました。格違いの縁を作るための根回しは結構大変で、そこから処世術が巧みな人という性質が浮上します。

常識や手順に逆行する行動や、愛情のない男女の結びつきは、裏に功利的な作為を感じさせて悪いとしますが、現代は男女逆転時代ともいえ、女性が黙って随えば幸せになるとはいえません。

どんな不自然な結びつきでも、誠実に最後まで全うして、終わりが良ければ周りも賞賛する立派な行いです。最も大切なことは結ばれ方ではなく、最後まで完結するための継続した思いと努力なのです。

干支数21　甲申《きのえさる》に重なる易のことば

火沢睽《101011》（かたくけい）　侮れない内輪のもめごと・反目を超えて調和する

睽《けい》は背くことで、火は上に昇り、沢（水）は下に流れるため、相反する関係や内面の葛藤を表します。しかし対立に悩み葛藤する心は、人を調和へと導く英知を育みます。

生まれた年や月や日に干支数21がある人は、この火沢睽《かたくけい》の性質や傾向を宿しています。

対立関係は常にあるもので、日常には些細なことで嫉妬したりライバル心で反目することがあり、それも長く続くと全体に響き発展を妨げることにもなります。

対立や矛盾した状態を改善するために、互いの思いを素直に発信し、共通の目的や願いを知り、調和点を探ることが大切です。また些細な対立に囚われず、根本にある共通の目的のために、自分の役割をこつこつ実行することで、徐々に認め合えるようになるでしょう。

妬みや嫉みは誰にもある感情ですが、侮れないのは分別を失くして拡大すると、国までも衰退させた事実が歴史の中に多くあることです。そしてこの世界は常に対立と矛盾した関係で成り立っています。睽は反目を深めて分別を失くし狭い心で衰退するか、調和を求める大きい心で発展するかの道があります。天地・男女・大小など、相反し矛盾するからこそ、統一と調和に向かい努力するのが人の賢明さと英知といえます。

干支数22　乙酉《きのととり》に重なる易のことば

011011
兌為沢（だいたく）　和やかに語り合い親しむ・誠実なことばで築く信頼

兌《だ》に心をつけると「悦び」という文字になります。少女（沢）が親しみ和やかに語り合う情景で、眺めているだけで微笑ましく心が和みます。そして親しみ和合するために、ことばで伝え合えるのは人の持つ素晴らしい力です。生まれた年や月や日のどこかに干支数22がある人は、兌為沢《だいたく》の性質や傾向を宿します。

また兌は上の人が正しく人の道に従い率先して働く悦びを示し、その姿を見て下の人が悦んで付き従う情景です。上下の心が通い合えばどんな困難も克服することができるでしょう。

そしてことばは人と人を結ぶ潤滑油のはたらきですが、そこに誠実な心が無ければ、逆にことばが不信や不和を招く原因にもなります。けがれのない誠実なことばは、人の心に滲みて心が通じ合い、強い信頼が築かれます。語り合い学び、深い悦びを共有した関係は、生涯の強い絆となるでしょう。兌の性質は秩序やルールを守り、誠実で勤勉で温和です。弱点は生真面目で融通性に欠けるところでしょう。柔軟で円満な生き方に自信を持つために、知性と穏やかな心を根付かせましょう。それは摩擦や障害をすり抜けて、結果的に目的に到達するそよ風のような強さなのです。

干支数23　丙戌《ひのえいぬ》に重なる易のことば

111011 天沢履（てんたくり）　虎の尾を踏むも食われず・実行する力

天沢履《てんたくり》の易に「虎の尾を踏むも食われず」ということばがあります。世の中の力関係を社会の秩序として認め、謙虚に強者への礼を尽くすので、たとえ失敗をしても助けられ、志を成し遂げられるだろうという例えです。当然虎は強者であり権力を持つ人です。

実行の法則とも言い、生まれた年や月や日に干支数23を持つ人は、天沢履の性質や傾向を宿しています。

何かを成し遂げようとすれば虎の群れを恐れていては先に進めず、進めば誤って虎の尾を踏んで食われる危険もあります。履は履行する意味で、特に力量不足な若い時は、夢や志を実現するためには、世の中のルールや秩序に逆らわず進む方が安心です。

先人の教えを教訓にして、礼儀や秩序をわきまえて臨めば、例え怖い状況でも攻撃されず、逆に守られ助けられる可能性が高まります。これは何かを実行し実現を望むなら謙虚であれということの教えです。人も謙虚でおごらず、秩序を守り、努力は報われると信じて一生懸命に励む性質に表れます。冒険や斬新な試みには慎重ですが、冷静に善悪を考えて等身大の夢を確実に実現し、堅実で安定した人生に喜びを見出すでしょう。

干支数24　丁亥《ひのとい》に重なる易のことば

000111 地天泰（ちてんたい）　上下和合・発展と安泰の法則

地が上で天が下の形で現実と反対です。それは地は下に天は上に進み、天と地が自然に交わり万物が生まれ、男女が自然に交わり子が生まれ、自然に引き合い和合する安泰の道です。

生まれた年や月や日のどこかに干支数24がある人は、地天泰《ちてんたい》の性質や傾向を宿しています。

強者が弱者を支える世の中は理想的ですが、実際は強者は益々栄え、弱者は貧窮する一方という現実もあり、その現実をひっくり返すと安泰となるとも読めます。

また強者に功利的に近づくのは凶としますが、裏読みすれば現状に不満を持たず上を望むなとも読めます。このように天地が反転した地天泰は、逆も真実なりという深い意味を含んでいます。人も外見は柔和で謙虚、内面は発展の意欲に溢れて理想的な性質ですが、別の見方をすると、若い時は意欲に溢れて活動的ですが、中年以降は意欲が薄れて惰性的になるという見方ができます。実際に謙虚で柔順で明るく働く人は上の人には理想的で、信頼され好まれる素質は十分です。しかし強い不満を抑える状態では逆転の火種にもなります。

矛盾した世の中で安泰の基準とする地天泰は、ただ柔順な良い人で終わらず、意欲と努力を持続して上を目指すことの大切さと、また安泰を持続することの難しさを教えます。

干支数25　戊《つちのえ》子《ね》に重なる易のことば

山天大畜《100111》（さんてんだいちく）　大事を成し遂げる力・真の実力者とは

偉大な人物は蓄積した財を一人占めにせず、能力のある人材を敬いながら養い、さらに力を蓄積していく様子で、真の実力者の大きな器を示します。

生まれた年や月や日のどこかに干支数25を持つ人は、この山天大畜《さんてんだいちく》の性質や傾向を宿しています。大畜は蔵に作物が山積みしている繁栄した情景です。

偉大な実力者は成功や繁栄に慢心せず、さらに実力を磨き美徳を養い、資金や人材を蓄積して物心ともに充実させていくため、大事業を成し遂げることができます。真の実力者とは、資力・人材力・実力の三つを備えており、日々精力的な働きを積み重ねます。頑張って豊かになる人は多くいますが、偉大な人はその財を生かして賢人を敬い有能な人を養います。やがてその人材の力が還元されて大いに社会的な役割を果たし、益々強大な力を蓄積していきます。

人の性質も大きな力量や器を示しますが、実りは一朝一夕にはつかめないと知っています。日々努力して困難を克服した苦労を知る人だからこそ深く大きな徳も養われ、蓄財を有益に社会に還元することができます。干支に宿る大きな力量を生かすために、知性を養い徳を磨いて大いに実力を伸ばし、持って生まれた優れた素質を生かしましょう。

干支数26　己丑《つちのとうし》に重なる易のことば

010111 水天需（すいてんじゅ）　需要と供給・待望・辛抱我慢の後に喜びが

需《じゅ》は待望する意味で需要の語源です。本心から求め本当に欲しい物を待望するので、手に入れた時は深い喜びが生まれます。我慢もなく要求がすべて通るなら自制心を失くし、また逆にいつも通らない飢餓感は貪欲な心を育てる心配があります。生まれた年や月や日のどこかに干支数26を持つ人はこの水天需《すいてんじゅ》の性質や傾向を宿しています。

欲しいものを絞り込んで本心の要求や願いに高めると、辛抱し我慢してかなった時の喜びはとても深いものです。子供に欲しがるものを無制限に与えることも、常に我慢させて与えないことも、どちらも同じような弊害があります。しかし葛藤し待ち望んで得たものは、ふかい喜びや満足感を与えるでしょう。

需要と供給のバランスやタイミングはとても大切で、欲望がすぐかなえば自制心が育たず、制約や我慢ばかりでは、渇望して人を欺いたり、盗んだり貪欲で姑息な心が芽生えます。

欲望は発展の源ですが、自ら見合う努力をしてつかむ習慣は、自制心や我慢強さを育てます。また待つことで本心の願いに気付き、得たものを大切に思い、深い喜びを味わうでしょう。

干支数27　庚寅《かのえとら》に重なる易のことば

風天小畜《110111》（ふうてんしょうちく）　弱い力が強い力に勝つ道・柔は剛を制す

優しく吹く風は心地よく、誰も傷つけず何にも妨げられず難関をすり抜けていきます。

小さい力や弱い者が目的に到達するのは人の徳の力です。生まれた年や月や日のどこかに干支数27を持つ人は、風天小畜《ふうてんしょうちく》の性質や傾向を宿しています。

強い風は雨雲を呼び雨を降らしますが、柔軟で優しく吹くそよ風は雨を降らすパワーはありません。でもそよ風は人を癒し安らかにする心地よさがあります。小蓄は内面に強い活気はありますが、柔順で穏やかな上、欲張らず器や力量の中で満足します。

経験も実力もない若い時に社会の荒波に放り出されても、世の中の秩序に随い、礼儀を守り、妨害されないようすり抜けていくでしょう。

柔軟で柔順な生き方は、環境や力関係に逆らわず、順調に目的を達成する強さでもあり堅実で賢明な方法です。易では「柔よく剛を制する道」といいます。

柔は柔軟柔順で無理をしませんが、その心は慈しみ包容する深さがあり、警戒心を働かせて関わる人を守ります。大きな繁栄は得られなくても、相応の豊かな余裕と安らぎの世界に到達します。

干支数28　辛卯《かのとう》に重なる易のことば

雷天大壮（らいてんたいそう）　意欲だけで動くと紆余曲折する・勢いを生かす備え

大壮《たいそう》は、はつらつとした若さの勢いです。力を発揮するには十分な準備が大切で、勢いに任せて飛び出せば行き詰まる心配があります。生まれた年や月や日のどこかに干支数28がある人は、発展の勢いである雷天大壮《らいてんたいそう》の性質や傾向を宿します。

活気に溢れ突き進みたい意欲に満ちていますが、経験や知識や実力が伴わないまま安易に動けば紆余曲折して失敗します。のびやかで明るく活発な勢いがありますが、思慮分別にかける危うさがあります。若い時は特に社会の厳しさを甘く考えがちで、情熱に任せて動けば早々に行き詰まるでしょう。若気の至りで済めばよいのですが、大きな挫折をするとやり直すのは大変です。急がば回れで、方向を決め目的を明確にして十分に準備すれば、大いに発展して成功するパワーがあります。成功するための準備とは必要な知識や技術だけでなく、その社会の仕組みや秩序を学び、内省心を磨き鍛えることです。自分を振り返ることで現実や周りを見る分別が付き、礼を尽くすことの意味が分かります。神にひざまずく礼の文字はいただいた命への感謝です。自分も他人の命も尊いと思えば、身を守る冷静な動きができるでしょう。十分な準備をして動けば、実力を発揮して大いに発展します。

干支数29　壬辰《みずのえたつ》に重なる易のことば

火天大有《101111》（かてんだいゆう）　天中に輝く太陽・繁栄と発展の道

空に輝く太陽は公平に周囲を照らし、多くの人に光を当てます。大有は大きくたもつことで、繁栄と豊かさ極める状態を表します。

生まれた年や月や日のどこかに、干支数29を持つ人は、火天大有《かてんだいゆう》の性質や傾向を宿します。知性と旺盛な活動力を備え、善も悪も公平に包み込む大きな輝きを示し、また蔵に豊かな実りがあふれている円満で裕福な状態です。

人の性質も、好調な時ほど柔軟で広い心と威厳が表れ、おごらず誠実に人と交わります。志や思いを明確にして広く人と交流し、良い人に恵まれ助けられて順調に発展していき、大きな繁栄をつかむ素質です。しかし成功すると私利私欲で近づく人が現れ、好調に油断して警戒を怠ると様々な問題が生じて、冬の太陽が早く沈むように急速に衰退していきます。

大有《だいゆう》の素質は豊かさの上に成り立つ大きな輝きです。しかし昇る太陽はやがて沈むことを忘れず、慢心や油断がないよう、人も金銭も実績も堅実に蓄積していくことが大切です。

願いや思いを実現するために恵まれた素質を引き出し、関わる人たちに利益を公平に還元する気持ちで、大いに力を発揮して成功をつかみましょう。

干支数30　癸《みずのと》巳《み》に重なる易のことば

沢天夬《011111》（たくてんかい）　正しく決断し決行する・無理や無駄を排除して進む

夬《かい》は決で、未来を切り開き前進するために多数の願いが勢いとなる時を待って、果敢に決断し決行することをいいます。様々な不満で抑圧された時代は、現状の改革への思いや意志が大きなうねりとなり革命を願う時が来ます。大きな革命も民の思いや願いを確信して決断し、状況が煮詰まるのを待ち、果敢に決行して成功してきました。

生まれた年や月や日のどこかに干支数30のある人は沢天夬《たくてんかい》の性質や傾向を宿しています。人は何かを選び決断して未来を方向付け、目的を明確にして前に進みます。目的に到達するためにやるべきことを果敢に勇敢に実行し、また行き詰まる原因や妨げるものを潔く取り除く勇気も必要です。その目的や願いが成功するのは、多数の人が望み、共感することが重要です。独り善がりや私利私欲で行えばその行動は失敗し、逆に排除される側にもなります。

大勢の人が共感し後押しするなら、必ず願いはかない明るい未来が開けるでしょう。

粘りと決断力と実行力があり、私欲に流れない優れた素質が宿っています。「溢れる水を田畑に回す」という易のことばがあります。成功し繁栄した時に溢れるほどの利益を独占せず、民衆が潤うように水の流れる道を作る、優れた賢人の行いを示します。

易
日
年
月

干支数31　甲午《きのえうま》に重なる易のことば

天風姤（てんぷうこう）　出会いで変わる未来・足元を固める

　華麗に咲く花にハチやチョウが群がるように、繁栄の蜜を求める人が多数近づいてきます。そこで賢人は、繁栄が極まる時は衰退の始まりと思い、慢心せず足元を固めることで安定を導きます。生まれた年や月や日のどこかに干支数31を持つ人は、天風姤《てんぷうこう》の性質や傾向を宿しています。

　豊かな繁栄を示す陽気の下に、一つ陰気が入ることは新たな遭遇を意味します。これを発展の勢いが窮まり、そろそろ安定へ向かい、足元を固める新たな秩序が必要と考えて、前向きに捉えれば安心です。なぜなら陰気は蜜に群がる熟女の誘惑も意味し、それは国すら滅ぼす傾国の美女との遭遇に例えられます。現代なら苦労して立派に成功し豊かになった男性があでやかな美女と出会い、夢中になって築いた成功を台無しにする心配です。

　天風姤は華やかで活気にあふれる恵まれた素質で、日々努力して豊かさを築く中で知性が磨かれて長く繁栄を保ちます。しかし豊かさに慢心して過ごすと、悪い虫に勢いをむしばまれ、築いた土台が崩壊する心配があります。花で終わるか実をつけるかは未来に関わる重大な問題で、華麗な花の命は短いことを忘れず、良い時に足元を固めましょう。

干支数32　乙未《きのとひつじ》に重なる易のことば

沢風大過《011110》（たくふうたいか）　大事を成すための忍耐・欲望を制御する力

大過は大過ぎることで、自分の船（器）に乗せる欲望が大過ぎると、船が傾くことを教えます。また力量を越えた重荷を抱え過ぎて四苦八苦する状況を、賢明に対処する方法を説いています。

生まれ年や月や日のどこかに干支数32がある人は、沢風大過《たくふうたいか》の性質や傾向を宿しています。小さな船に、欲しいものを次々と積み込んで荷がオーバーすれば、当然舟は重荷に耐えきれずバランスを崩して傾いてしまいます。また細い大黒柱の家に見栄を張って屋根だけ豪華な瓦を乗せると、重みに耐えられず家が傾いてしまうでしょう。人も実力を過信して責任や重荷を抱え込み過ぎると、心身のバランスを崩してしまいます。賢明な人は現状に合わせて欲望を抑え、加減して我慢することを知っています。経済力と欲求、実力と責任など、行動する前に自分の力量を吟味して選べば、欲望は必ず発展の原動力になります。そして過ちに早く気付き対処することを傾いた船が警告しています。

しかし沈む前に無理な重荷を降ろして、改めて力を養えば、どんな困難も切り抜けて願いをかなえ成功する力があります。現実に見合う願いをもち強い志や思いで向かえば、欲望は発展を支える強い原動力となるでしょう。

干支数33　丙申《ひのえさる》に重なる易のことば

101110
火風鼎（かふうてい）　改革の後の安定の道・真の安定は新たな改革から

鼎《てい》は神への供物を煮炊きする器「鼎・かなえ」で、古代王朝の革命成功のシンボルとされました。鼎革《ていかく》といい、安定の中に新たな発展へ向かう活動的な状態を示します。生まれ年や月や日のどこかに干支数33がある人は、火風鼎《かふうてい》の性質や傾向を宿しています。

革命は当然破壊が伴いますが、日常の小さな改革でも、何かを捨て何かを犠牲にすることが多いでしょう。そうして変化し、新たな秩序の中でさらに発展し成長していこうとします。

改革を率いるリーダーは、冷静で強い決断力と実行力が求められ、長く安定を保つための献身的な努力が必要になります。それは多くの人を安らかにするためであり、私利私欲で行えばただの暴君になり世の中がまた乱れてしまいます。また私情に囚われ、えこひいきや弱い者いじめをするようなら、安定はたちまち崩れるでしょう。

火風鼎の性質は果敢に決断し、冷静に実行するリーダー気質で、必要な改革のためには冷酷にもなれる強さがあります。冷静に人を選び厳しく秩序を整えて安定した後は、謙虚に人のことばに耳を傾け、優れた人のことばに従うので、益々発展し安定感が増していきます。

強さと豊かな知性に謙虚さと柔軟さを備える優れた素質を伸ばしましょう。

干支数34　丁酉《ひのととり》に重なる易のことば

雷風恒《001110》（らいふうこう）　恒久、恒常の道は安定した結婚生活と同じ

恒は変わらず長く安定が続くことで、一貫して変わらない状態を恒久・恒常といいます。波乱や波風にも耐えていく安定した結婚生活は、恒久・恒常のヒントが多くあります。生まれ年や月や日のどこかに干支数34がある人は、雷風恒《らいふうこう》の性質や傾向を宿しています。感動や感情は人を結びつけますが、感情はとても移ろいやすいものです。

純粋な恋愛で結ばれた若い二人も、感情を長く保つことは難しく、気まぐれの出来事でも壊れてしまう危うさがあります。恒は変わらない熟年夫婦のような安定感があり、その裏にはマンネリや退屈や惰性もありそうです。季節の変化は変わらず訪れ、樹木の枝葉は四季に応じて変化し、人の外観も時が経てば大きく変わります。またその根や幹も目立たず静かに変化し、強く太くなって変わらず枝葉を支えています。

幹や根は風に揺れる枝葉を元に戻す力です。恒の性質は外で活動する夫の揺れを支える妻のように、しなやかで強い幹を連想します。この幹のような性質が恒の持つ強みで、それは人の内面の成長ともいえ、謙虚さや包容力を養い心を安定させていきます。そして周囲の変化に応じて自分も成長し、様々な生活の揺れに柔軟に対処して安定を保ちます。

変わらぬ日常を持続して、平穏で豊かな情愛に満ちた生活の中で安定を築く素質です。

干支数35　戊戌《つちのえいぬ》に重なる易のことば

110110
巽為風（そんいふう）　静かな風の力・柔順、柔軟に切り開く

巽《そん》と風《ふう》は同じで、優しく吹く風が重なり、柔順柔軟で謙虚な心を表します。風を読む、風に乗ると言いますが、巽の風は静かに無難に切り抜けていくそよ風の動きです。それは樹木が静かに確実に成長していく様子に例えられます。

生まれた年や月や日のどこかに干支数35がある人は、巽《そん》為《い》風《ふう》の性質や傾向を宿しています。積極的で強く切り開く発展の動きではなく、消極的ですが抵抗の少ない穏やかな動きで通り抜けていきます。

風が吹けば雲を呼び、強い風は雨雲を引き寄せます。雨を降らすほど激しくなく、優しく吹く風は人を心地よくさせて警戒されません。人の性質も謙虚で柔順ですが、さわやかで清々しく品があります。無理な動きを抑えて我を張らず、優れた指導者に随っていけば順調に発展するでしょう。上に柔順、下を労わり円満を大事にしますが、妬み嫉みを受けないよう振る舞い、へりくだりすぎると軽く見られて信頼を損ないます。

引いたり進んだり加減しつつ尊厳を保ち、自分の役割を果たすことが大切です。無理せず、状況に応じて適切に行動して、結果的に目指す場所へ到達し成し遂げる強さを生かして、穏やかな幸せをつかみましょう。

干支数36　己《つちのと》亥《い》に重なる易のことば

水風井《010110》（すいふうせい）　内なる泉を掘り起こす・水場は人が集い栄える

井戸は水を湛えて溢れることもなく、往来する人を潤し、生活する人の暮らしを支えます。でも井戸の水はつるべが無くては役に立ちません。井戸とつるべの関係には多くの学びがあります。生まれ年や月や日のどこかに干支数36がある人は、水風井《すいふうせい》の性質や傾向を宿します。井戸は水場として人の暮らしを支え、自然に水場には人が集まってきます。でもつるべが壊れた井戸は水を汲むことができず、また井戸水は濁らないよう時々手入れが必要です。

水が使えなければ人は新たな水場に移動してしまい、その水場はさびれてしまいます。

壊れたつるべから分かることは、繁栄をもたらす水場はつるべが常に使える状態であること、そして水が濁らないよう手入れを怠らないことです。人の道では、つるべが壊れた井戸のようにさびれた状況からどう立ち直るかを示します。人の内面には豊かな泉があり、純粋な思いがその水を汲むつるべです。干上がるような苦しみに陥った時に、苦しみを生んだ原因を見極め、慢心や油断を反省してもう一度井戸を掘るように、「内なる泉を掘り起こす」のです。常に水を湛えている井戸に例え、動かず変わらないものを内面に絶やさないことの大切さを説いています。

干支数37　庚子《かのえね》に重なる易のことば

100110 山風蠱（さんぷうこ）　腐敗を防ぎ災いを福に転じる道・難問を処理する力

蠱《こ》は皿の上に虫が三匹乗っています。虫が増えれば腐敗が進み、すぐに取り除けば腐敗を食い止められます。困難な問題を果敢に解決し克服する道を説き、災いに早く気付き対処すれば逆に福となります。生まれ年や月や日のどこかに干支数37がある人は、山風蠱《さんぷうこ》の性質や傾向を宿します。

悪い流れに随うと虫が湧くように衰退がはじまります。しかし謙虚に振り返り正しい流れに修正していく勇気があれば、困難な状況や問題を果敢に解決していけるでしょう。

そして悪い虫が木の幹まで及ばないよう、根幹を守ることが大切です。幹事ということばの語源は蠱の易から生まれ、トラブルを根本から解決することをいいます。今でも「幹事」は大事な役割で、幹事が根本を理解して動かないとうまく進みません。腐敗の兆しに気付き、私利私欲を捨てて根本の問題を処理し悪い流れを断ち、災いが拡大する前に早く解決することが大切です。賞賛やほうびを求めず高い志でトラブルを処理し、解決していくことが模範的な行いです。自ら問題の根を断ったための幹事の働きが蠱の性質の長所と言えます。困難な状況を救済するために、根気よく誠実に努力して信頼と安定を築きましょう。

干支数38　辛丑《かのとうし》に重なる易のことば

000110 地風升（ちふうしょう）　時を生かして上昇・繁栄と進展の道

升《しょう》は上昇のことです。伸び栄え発展する勢いを示し、ものごとを達観する強さがあり、謙虚に小さなことを積み重ねていく柔順で柔軟な力です。生まれ年や月や日のどこかに干支数38がある人は、地風升《ちふうしょう》の性質や傾向を宿しています。

地風升は人が自然に寄ってくる穏やかな魅力が備わり、柔順に優れた人の指導に従っていくことで繁栄を築き、輝く未来が開かれて喜び多い人生になるでしょう。

ゆったりと大らかに日常を積み重ねていけば、繁栄は持続して益々上昇していきます。反対に功を焦り、一気に上を目指すことは逆効果となり衰退を速めます。木の成長のように静かに伸びていけば、やがて大きく高くそびえる樹木となるでしょう。小さなことを誠実に積み重ね、素直に現実に適応して、時に応じて対処していけば必ず伸び栄える素質です。

願いを実現するために必要な実力を養い、時を生かし好機をみて動き、築いた実績を引き継ぐ人を育てるなど大きな器が備わっています。予期せぬ出来事も慌てず受け入れ、やるべきことを確実に実行して信頼を集め、多くの協力者や支持者に恵まれて着実に発展していきます。

優れた素質を生かし夢を実現し上昇を目指しましょう。

干支数39　壬寅《みずのえとら》に重なる易のことば

天水訟《111010》（てんすいしょう）　矛盾と障害に葛藤して争いが生まれる

誠実にしていても妨害され、不公平で理不尽な扱いを受けることもあり、人の社会は争いの種がたくさんあります。もし火種を抱えた時にどう対処するか、天水訟《てんすいしょう》は争いを避ける賢明な道を説いています。

生まれ年や月や日のどこかに干支数39がある人は、天水訟の性質や傾向を宿しています。まじめに誠実に自分の役割を果たしても、納得できない境遇や立場に陥ることがあります。やり場のない怒りをどう収めるかが問題です。訟《しょう》は訴訟《そしょう》の語源で裁判に訴えるのも一つの方法ですが、不公平な状況では逆に被害が拡大することもあります。

賢明な方法は、心の中に収め、公正な仲裁者が現れる変化の時を待ち、守る者のために怒りの感情を抑えることでした。世の中は上下関係や様々な人の関わりの中で争いの火種が生まれます。

家族や理解者や味方の存在そして強い志は、乗り越える時の大きな防波堤になるでしょう。最後まで争って失うものと得るものを考えることは大切です。力関係を冷静に見極めて、争いを生まないよう注意することはさらに大切です。性質も感情的になる短気さがありますが、多くは正義感が強く理不尽なことを見逃せないのです。短気は損気と戒め、極力穏やかに争いを避けて大事な者を守り切れば、最後に勝利者となる時がくるでしょう。

干支数40　癸卯《みずのとう》に重なる易のことば

011010 沢水困（たくすいこん）　困難に対処する道・干上がる前に気付く

困《こん》は困難を意味し、発展を目指しても八方ふさがりの状況に陥る時、原因を知りどう対処すればよいかを説いています。生まれ年や月や日のどこかに干支数40がある人は、沢水困《たくすいこん》の性質や傾向を宿しています。困難を予感しますが、その原因は人災が大半で、生活や習慣を改善をして防ぐことができます。また困難に陥った時に賢明に対処する方法を知ることも大切です。

困の字は木が囲まれて伸び悩み根が干上がるような状況です。そして困難の多くは成功した後の慢心と油断で起こります。良い時に浪費や華美に走らず、晩年を意識して余力を蓄積する習慣を付けましょう。そして万一干上がった時は、枯れ井戸の復興を目安にします。井戸が枯れた原因を理解しまた掘り起こすのです。

大事なことは清らかな水を求め続ける強い意志です。希望を見失わない限り、必ず復活する道が開け、清水を湛えた泉を掘り起こせるでしょう。泉の水は初心の情熱や純粋な思いともいえます。また若い時に苦労を味わい、厳しく困難な道を選ぶと逆に偉業を成す素質にもなります。月は満ちれば欠け、夕陽の輝きは夜の訪れを知らせます。謙虚に衰退の兆しを感じる人は困難を回避し、また守る者のため困難を克服して再生していくでしょう。

易
日
年
月

干支数41　甲辰《きのえたつ》に重なる易のことば

001010
雷水解（らいすいかい）　雪どけを待つ・困難や問題が解消する

春雷は雪どけを促し、春の訪れを知らせる啓蟄《けいちつ》の季節で、虫たちは地上に這い出し、厳しさや暗い闇から脱出する活動の時期が訪れます。困難を耐える力、また困難に陥る前に問題を解決することの大切さを説いています。生まれ年や月や日のどこかに干支数41がある人は雷水解《らいすいかい》の性質や傾向を宿しています。様々な苦しみや逆境に陥り身動き取れない状況を、じっと耐えた人には好転の時が訪れるでしょう。厳しく寒い冬の季節も、必ず春が来ることを信じて待つことが大切です。また苦労を経験すると人は用心深くなり、気がかりや問題を放置せず、窮地に陥る前に速やかに解決するようになります。

防犯の意識が低い家は空き巣に狙われやすく、男女の仲も欲望を挑発するような風紀が乱れるのは当然です。何事も問題が起きる前に気付いて用心することができれば、苦しみはずっと少なくなるでしょう。しかし注意し努力しても避けられない困難もあります。そんな時は状況が変化するまで無理せず、変化の時や好機の到来を待つことが賢明です。苦労の経験を忘れず、好調な時に慢心せず、問題や気がかりを解決し、困難に耐える力を蓄積することで行き詰まることなく進んでいけるでしょう。

干支数42　乙巳《きのとみ》に重なる易のことば

風水渙《110010》（ふうすいかん）　危難に対処して離散を防ぐ道・安定を保つ

昔は船が帆を張って船出する勢いのある日常は繁栄と隆盛の証でした。人々はそんな様子を見て安心してその地で暮らそうと思います。人々が安心して暮らすことができる国は安泰です。

支配者は人々が不安を感じて離散することを衰退の兆しと恐れたのです。

生まれ年や月や日のどこかに干支数42がある人は、風水渙《ふうすいかん》の性質や傾向を宿しています。世の中が収まり安定が続いていても困難や心配なことは起こり、上に立つ人は冷静に問題を処理して、日常の平和を維持していくことに努めました。もし上に立つ人が一喜一憂して取り乱すなら、下の人が不安で離れてしまうでしょう。私たちの日常も家の人が毎日仕事に行き、休日をゆったり過ごす姿を見るとその家庭は幸せで安定していると思います。

多くの人は日常が順調で停滞のない状態に安心を感じるものです。

よく立派な人と交流があると箔が付くといい、自分の価値や評価が上がるように思います。

風水渙の性質は、問題が起きてもうろたえず動じない冷静さがあり、穏やかで安心感があるため、お付き合いしたい人と思われるでしょう。外に動揺を見せない安心感と信頼感を備えた人は、大きな仕事を成し遂げる可能性を感じさせます。

易
日
年
月

干支数43　丙午《ひのえうま》に重なる易のことば

坎為水《010010》（かんいすい）　苦境の中で信用を築く・困難をバネに浮上する力

水と水が重なるか坎為水《かんいすい》は次々に苦難に遭遇するような状況です。でも苦労は人を強く深く鍛え、勇気や活動力を生み新たな強さが備わり情熱に変わります。生まれ年や月や日のどこかに干支数43がある人は、坎為水の性質や傾向を宿しています。

川の水は必ず低い方へと流れていきます。水の卦も重なる困難を表しますが、必ず引いていくのです。人は水の一貫した性質を生かして、困難を守りに変える工夫を生みました。堀や用水路を設け、高いところに住居を築くなど、苦難をバネにした新たな知恵と勇気と力で、水の性質をプラスに活用してきたのです。水に学ぶことは一貫していることの大切さです。

苦しい時ほど品性を正しく保ち、他を感化するように自分を高め誠意を尽くして行動することを説きます。またすぐに解決しない深い問題も、信念を変えず勇気を出して向かえば、困難を克服する工夫や勇気が生まれます。そして耐え忍び、乗り越えた努力は必ず報われて発展していきます。

水は自ら困難を引き起こす破壊的な力と、困難に学び乗り越えていく知恵と勇気を生み出す二つの力があります。波乱の人生が予想されますが、激しさを信念や情熱に変えて一貫した姿勢を保ち続ければ、大きな仕事を成し遂げるでしょう。

干支数44　丁未《ひのとひつじ》に重なる易のことば

100010 山水蒙（さんすいもう）　無知蒙昧から脱出・実践して道を開く力

蒙《もう》は蒙昧《もうまい》を正しい教えにより啓くこと、他を啓蒙して改革の力とすることを説きます。無知蒙昧な状態では、危険を避けられず、困難に遭遇しても進むことができないでしょう。純粋な思いを正しく導くことで、生みの苦労を乗り越える力が養われます。生まれ年や月や日のどこかに干支数44がある人は山水蒙《さんすいもう》の性質や傾向を宿しています。

幼児は多くの可能性を秘めていますがまだ知識も経験も少なく、道に迷い、困難を乗り越える力がありません。また何かを始める時に何の知識もなく闇雲に進めば行き詰まります。

草木が水や栄養を吸収して育つように、人も良い師に学び、知識を吸収し体を鍛えて心身ともに伸びていくことが大切です。そして自らを啓蒙する中で類は友を呼び、競い合って成長していきます。

性質も幼児のような危うさと純粋さがあり、道に迷い行き詰まることもありますが、失敗や苦労を糧に、知識を探求していく中で知性や心が磨かれます。凝り性で探求心があり、焦らず知識と経験を積むことで進む道を見出し、また探求心が発見や改革につながる可能性もあります。優しく穏やかに暗闇を照らす月灯りとなる素質を生かしましょう。

干支数45　戊申《つちのえさる》に重なる易のことば

000010
地水師《し》（ちすいし）　集団を作る力・指導者の素質

師は軍隊の師団を意味し、小集団を動かす指導者を示します。様々な社会に出ると多くの人は自然に群れるようになり、自ら群れを作る人はリーダー的な力があります。師は師団のことで、群れであり群れの指導者を示します。生まれ年や月や日のどこかに干支数45がある人は地水師《ちすいし》の性質や傾向を宿しています。優れた指導者のもとには優れた人材が集い、強い集団となって力を発揮していきます。一人で何かを成し遂げるのはとても大変ですが、同じ志のもとに集えば類は友を呼び、一気に実現する力が生まれます。確かに優れた人と交わると良い仲間ができそうです。また地水師の素質は人の上に立ち集団をまとめる力ですが、その力は家をまとめ友達をまとめグループをまとめ、大きくは組織を動かすリーダーシップに発展します。

良い指導者には影響を与えた優れた人が存在し、賢明で優れた人のつながりは強いネットワークに発展し、大きな影響力を持つようになります。

人の性質も気さくに人と接して優れた人を見出し、話し合い意見を交わして交流を深めます。

策略知略に優れ、参謀的な役割で頭角を現す傾向もあります。雄弁で豊かな説得力と表現力があり博識で、臨機応変に行動して着実に存在感を発揮するでしょう。

干支数46　己酉《つちのととり》に重なる易のことば

天山遯（てんざんとん）　隠遁・悟りの境地・一時避難・逃避

遯《とん》は賢者の隠遁《いんとん》や一時避難、また責任逃れのトンヅラまで、現実からの逃避を示します。

勢いがない時は無理せず一時避難して好機を待つ賢人の知恵ともいえます。生まれ年や月や日のどこかに干支数46がある人は、天山遯《てんざんとん》の性質や傾向を宿しています。純粋な気持ちで始めたことも、安定するとマンネリ化したり、初心を忘れてしまうことがあります。また大樹の下で安穏としていると、その木の全容が見えなくなり、枝葉の末端の動きが分からなくなるでしょう。天山遯は、見えなくなる前に少し離れて客観的に置かれている状況を眺めることの大切さを教えます。

慣れや多忙で関心が希薄になりお互いが見えなくなると、円満な夫婦にも倦怠期が訪れます。問題の中心にいると見えないことが離れるとよく見えるもので、お互いを少し離れて眺めてみる心の余裕が危機を深めない秘訣ともいえます。形勢不利な時はあえて引いて中心を離れることは、危険を避けるための知恵ですが、無責任に現実逃避すれば、信用を無くして築いた土台が崩れる心配があります。しかし一時避難は、離れることで達観した心境に到達するために役立ち、問題を客観的に眺めて災いの拡大を防ぎ、また消耗した力を蓄える賢者の知恵なのです。

易

日

年

月

干支数47　庚戌《かのえいぬ》に重なる易のことば

沢山咸《011100》（たくざんかん）　無欲に感応する純粋な心・恋愛

咸《かん》は感動や感応する心です。若い男女が相手の思いに感応し、志に共感し、純粋な愛情で結びつくことを意味します。富も名誉も地位もない男性が、その志と純粋な思いだけで求愛し、その思いに感応した女性は、男性の志をかなえるために無私無欲で尽くします。

生まれ年や月や日のどこかに干支数47がある人は、沢山咸《たくざんかん》の性質や傾向を宿しています。

このような純粋な思いで固く結ばれた男女は、ともに助け合い末永く幸せが続きそうです。互いに共感し心が感応して結びつく関係は自然に発展に導かれる、という若い純粋な男女の恋愛に例えています。沢山咸の性質は、この人と決めて共に人生を歩く覚悟がなければ安易に求愛などしない、まじめで遊びの恋などできない堅物でしょう。

人とふれあい、深く心に感応して強い信頼で支え合う関係なら、安心して願いに向かい努力して必ず成就させる熱意に溢れています。人の関係は始めから地位やお金が頭にあるようでは、固い絆に発展することはなく、条件次第で変わる未来はとても不安です。しかし男女にかかわらず、共感し感応して結ばれた関係は、未来の安定と繁栄を支える強い根を育てます。

融通が利かない分誠実な生き方を貫き、繁栄と安定を築けるでしょう。

干支数48　辛亥《かのとい》に重なる易のことば

101100
火山旅（かざんりょ）　人生は光明を求める旅・郷に入れば郷に従う

人生は止まることがなく光明を探し求める旅のようです。未知の土地を安全に旅をするには、郷に入れば郷に従い節度をわきまえることが大切でした。人生を旅に例えれば、一生楽に終わることはなく、難題を抱えることの連続に思えます。

生まれ年や月や日のどこかに干支数48がある人は、火山旅《かざんりょ》の性質や傾向を宿しています。

古代の人の旅は、二度と会えない覚悟で水杯を交わして出発したといい、旅《りょ》の易は人生を過酷な長旅に例えています。旅には目的がありますが、未知の土地や人に対しては自分を優先せず、他の地に入ればその習慣や決まりに謙虚に従うことが安全として「郷に入れば郷に従え」ということばが生まれました。目的を忘れず節度を保ち行動すれば、歓迎され厚遇される可能性が高まり、逆に自己中心に動けばトラブルになり、時には命の危険さえあるでしょう。

たとえ優遇されている時も油断せず慎み深くすることが安心です。

人の性質も、目的を果たすまで安らぎに浸りきれず、次へ向かって歩き出し留まることがありません。さすらう旅人のように居場所が定まらず、なかなか安住できない寂しさがあります。

願い求める場所へひたむきに歩み続け、心の故郷を見出し安住しましょう。

干支数49　壬子《みずのえね》に重なる易のことば

雷山小過《001100》（らいさんしょうか）　分相応であれば安泰・分を知ることの意味

小過《しょうか》は勢いが弱く大きな発展が望めない状況です。日常を丁寧に積み重ねて平穏を保つことが安心です。生まれ年や月や日のどこかに干支数49がある人は、雷山小過《らいざんしょうか》の性質や傾向を宿しています。飛び立つ鳥は上昇の兆しではなく、眠るために巣へ帰ろうとしています。また西の空に見える雷雲は雨を降らし万物を潤す力がありません。それは発展のための大事業を行う勢いがないことを示します。また世の中を小人や小粒な人が取り仕切っている様子でもあり、無理せず守りを固めることが必要です。

収束に向かう時は、環境や分に応じて、現状の中でやるべきことを誠実に行い、災難や衰退を防ぐことが安心です。時勢を読み間違えず、分相応に謙虚に日常を丁寧に過ごしていけば、穏やかで安らかに過ごせるでしょう。人の性質も意欲に応じて動けない気後れがあり、また動くタイミングが遅くなりがちです。野心を抱きまた大きな事業に挑めば、様々な障害に阻まれ動きが取れなくなります。願いを実現するためには有能な補佐役を求め、じっくり準備をして好機を待ち動くことが大切です。急速な飛躍を望まずに日常の責任を果たし、誠実に取り組み続けることで、努力に見合う達成感と満足を得られるでしょう。

干支数50　癸丑《みずのとうし》に重なる易のことば

風山漸（ふうざんぜん）　着実な前進・静かに確実に進展する

山の木は静かに着実に成長し続けています。漸《ぜん》は漸次《ぜんじ》進むことで、徐々に進展し確実に成長する静かで柔軟な進展の動きを示します。生まれ年や月や日のどこかに干支数50がある人は、風山漸《ふうざんぜん》の性質や傾向を宿しています。

漸は急激な成長は望めませんが着実に伸展し、実力も備わり器も大きくなります。

謙虚で柔軟柔順に進む動きは、理想的な女性のあり方を象徴しています。水鳥のひなは親鳥の後からその動きをまねて成長していきます。まず岸辺の枝に飛び、日々着実に実力をつけ、遠い山まで飛べるようになり、やがて親鳥や仲間と共にはるか遠い地へ飛び立ちます。

着実に実力を養い立派に成長すれば、やがて大空をはばたき飛び立つ時が来ることを説いています。水鳥の例えは女性の理想的な姿を示し一夫一婦の理想的な結婚観が描かれます。漸の性質は急がず焦らず実力を磨き、柔軟で謙虚な心を養い、良い縁に出会って繁栄と幸せをつかむ遅咲きの花のイメージです。現代は男女逆転時代といいますが、謙虚で柔順な女性は多くの男性が望む理想像かもしれません。柔順で謙虚で芯がしっかりとして確かな実力を備える人は、晩成運ながら着実に頭角を現すでしょう。

干支数51　甲寅《きのえとら》に重なる易のことば

水山蹇《010100》（すいざんけん）　閉塞状態に悩む・足止めされる・急がば回れ

蹇《けん》は足が萎えることで、前後を大河や険しい山に阻まれて進むも退くもできない閉塞した状況です。こんな時は無理せず止まり、身の安全を第一に考えることが大切です。

生まれ年や月や日のどこかに干支数51がある人は、水山蹇《すいざんけん》の性質や傾向を宿しています。どうにも動けない困難な状況の時にどう対処するかは、未来の明暗を分ける重要なポイントです。まず一旦止まり、冷静に進路を考えることが大切です。

無理して突破すれば進退窮まり命さえ危うくなります。こんな時は身の安全を第一に方向を探り、遠回りしても安全で平坦な道に進むことが賢明です。

行き詰まったらまず止まり、過去の動きを振り返る「内省」が重要で、誤りに気付いたら果敢に切り替えて、安全第一に新たな一歩を踏み出すことです。謙虚に聞く耳を持ち困難に耐えて好機を待つこと、また極力安全な新たな道を選ぶことができれば明るい未来が開けるでしょう。甲寅は目標へ一気に進みたい攻撃的な性質があり、蹇の易はその行動は行き詰まると教えます。賢人は成功を焦らず、正しい情報を探り、周囲の関わる皆の安全を考えます。「急がば回れ」は困難に遭遇した時に、確実に目的に到達する賢人の知恵なのです。

干支数52　乙卯《きのとう》に重なる易のことば

艮為山《100100》（こんいさん）　動に対する静の力・無欲無心に止まる強さ

止まるべきところできっちり止まり、行く時は果敢に行く。動と静の動きが時と目的に適すれば、その道は大いに明るく開かれるでしょう。生まれ年や月や日のどこかに干支数52がある人は、艮為山《こんいさん》の性質や傾向を宿しています。

　状況が厳しく動けない時はじっと立場を守っていれば、やがて雪がとけて春が来るように問題が解消し、悦び合える時が訪れます。人は動き続けられず、眠り休息してエネルギーを補充する時が必要です。艮《こん》の停止は、どれだけ会いたくても、万一その家の庭先に用ができても顔を合わせず、その人の後ろにいても声をかけないほど徹底します。逆境の時に安易に人に会えば野心を疑われ、相手も不利益を受けるかもしれません。頑固に立場を守り動かないのは強い守りの力です。停止を確実に適切に行えば、必ず問題が解消して動ける時が訪れ、伸び伸びと会いたい人とも喜び語り合える時が来るでしょう。もし逆境の時に秘密も約束も守れず、止まり方が曖昧なら動く時も誤りやすく、結果的に自分も周囲も守れずに多くの人を危険にさらし不幸にする心配があります。艮の性質は本来一本気で前向きですが、好機を待つことで秘密や立場を守り抜く頑固さを、果敢に突き進む勢いにかえる強さと賢明さです。

干支数53　丙辰《ひのえたつ》に重なる易のことば

地山謙（ちざんけん）　謙虚謙譲の美徳・頭を垂れて実る稲穂に習う

成功し豊かに満ち足りている時こそ、慢心せず謙遜し謙虚な心で、人々への奉仕を忘れないことが、長く繁栄を保ち持続するための賢人の道です。謙は謙虚さや謙遜、謙譲の美徳を表し、高く豊かな繁栄の時もおごらずに公平平等を大切にします。

生まれ年や月や日のどこかに、干支数53がある人は、地山謙《ちざんけん》の性質や傾向を宿しています。賢人は、実る稲穂が頭を垂れている様子に習い、豊かさにおごらず謙虚に慎み深く過ごします。才能や美貌を人は素直に称賛しますが、鼻高々で有頂天になるなら早々に人気を失い、称賛は無に帰すでしょう。謙の易は、万物を育む大地の徳は天の気に通じ、静かに豊かな繁栄を保つと説き、謙は高い山も包容する大地の徳です。

満月を見て欠ける兆しと思う人は、裕福で力のある時も公平平等に人に尽くし、称賛にも謙遜して謙虚にふるまいます。そして弱いもの貧しいものを慈しみ守る優しさは、必ず天に通じて自然に認められ上昇していきます。人の性質も実力や才能に恵まれますが、慢心し反り返るなら強みを引き出せません。謙虚で公平を大事にする清涼な素質を引き出し、周囲の安定と幸せに貢献することが上昇の力となり豊かな安定を導くでしょう。

干支数54　丁巳《ひのとみ》に重なる易のことば

111000 天地否（てんちひ）　閉塞状態を打開する道・虚勢を張らず実を取る

天は上に地は下に向かい実際のままですが、それは天地が離れていく状態といいます。また恵まれない状況でも、地道に努力を続け実力をつけて打開していく道を説いています。

生まれ年や月や日のどこかに干支数54がある人は、天地否《てんちひ》の性質や傾向を宿します。

若い時は実力不足を隠して虚勢を張りやすく、信用を無くして伸び悩み低迷します。失敗や試練に学び真の実力を磨くか、そのまま低きに流れるかで未来は大きく変わります。環境に恵まれず苦労しても純粋な初心を保ち、七転び八起きの精神で粘り強く実力と実績を積み重ねて行けば、晩年に向かい豊かに安定した人生を築けます。もし失敗や環境を悔やみ、不満分子の仲間入りをすれば、発展の機会を失い実りのない人生になるでしょう。

天地否は若い時に環境に恵まれ難く、はじめは辛い思いをする傾向があります。

上昇への強い思いを努力と実力でつかみ成功を導くか、否運のまま惰性で生きるかは自分次第です。境遇や立場に悲観せず、誠実に努力して力をつければ、必ず認められ必要とされて上昇の道が開きます。自分の力で切り開いた道は、豊かな実りを付けた木のように、穏やかで安定した後半の人生を支える力となるでしょう。

干支数55　戊午《つちのえうま》に重なる易のことば

沢地萃《011000》（たくちすい）　人が集まり発展する・警戒し防衛する力

広大な砂漠を旅する旅人は乾いたのどを潤すオアシスを求め、水場は水を求めて人が集まり、自然に栄え発展していきます。人を集める力は大きな成功と繁栄を築く力となるでしょう。

生まれ年や月や日のどこかに干支数55がある人は、沢地萃《たくちすい》の性質や傾向を宿しています。

水場には多くの人が集まり、行き交う人で自然に交易が始まり発展していきます。

そして人が集まれば中には悪人もまぎれこみ犯罪が発生します。発展を守り安全を維持するために自然発生的に兵を率いて警備する実力者が現れます。沢地萃は人を集める能力で繁栄を築き、また繁栄を守り維持するリーダーの素質です。オアシスの水があふれると、土を潤して豊かな耕作地になり、水場の力は人を集めて発展し、土地を潤して豊かな実りを生み出します。

たとえ好機や環境に恵まれていても、繁栄を守る実力や、人を正しく導く力がなければ、繁栄を保つことはできません。

人を集める力は実力と人材力に財力を備える大きな力を秘めています。

鯉が滝を昇る勢いを表し、勝運を導く吉祥である沢地萃の素質を実現の力にして、実生活を明るく豊かな人生へと導きましょう。

干支数56　己未《つちのとひつじ》に重なる易のことば

101000
火地晋（かちしん）　朝日が昇る勢い・成功への道

晋《しん》は進む勢いを示します。それも朝日が地上に昇るような清々しい勢いです。太陽が地上に昇る朝日の勢いは多くの人に希望を与えるでしょう。

それは天の運行に従う働きで、日が昇る時は大いに活動する好機の訪れです。生まれ年や月や日のどこかに干支数56がある人は、火地晋《かちしん》の性質や傾向を宿しています。

昇る太陽は明徳の人にも例えられ、知性行動共に優れた人に従い、大いに活躍して上昇していく時を示します。日が沈み闇夜の時があるように、人生には悩みや苦しみに心が暗く閉ざされることがあります。しかし朝が来ない夜はなく、闇の中で静かに待つことができれば、必ず光を浴びる時が来るでしょう。天に昇る太陽の勢いは着実な前進を示す好機の訪れです。

そして暗い夜や苦難に耐える時があるからこそ、願いに向かう時の勢いを感じ、素直にその勢いに乗り大いに力を発揮して繁栄を目指すことができるのです。

同様に人の性質も、悲観したりくよくよ悩まないプラス思考で、呑気なほど前向きです。

しかし日が昇る勢いは長くは続かず、朝の訪れに気付かないほど眠り続けていたり、動くタイミングを誤ると発展の機会を逃がしてしまいます。焦らず夢を育て思いを強くして好機を待ち、果敢に行動できれば温かく豊かな人生を築けるでしょう。

干支数57　庚申《かのえさる》に重なる易のことば

001000
雷地豫（らいちよ）　悠々自適への備え・歓び楽しみを加減する

豫《よ》は余裕の中で楽しむことで、悠々自適の人生のススメです。そして平穏無事な生活や悠々自適の余裕を生むためには、油断せずあらかじめ備えることが大切です。

生まれ年や月や日のどこかに干支数57がある人は、雷地豫《らいちよ》の性質や傾向を宿しています。時間もお金も余裕があれば、大いに人生を楽しみ、思いを実現することもできるでしょう。それは日頃の収穫を蓄積した余力があってできることです。しかし種をまかなければ花も実もならず、実りが無ければ蓄積できず余力は生まれません。

厳しい冬は静かに春を待ち、春が来たら種をまき、夏が来たら害虫を駆除し、実りの秋には一気に収穫して蔵に保存してまた冬に備えます。季節に応じて行動し、動く時は動き、待つ時は待ち、静と動の適切な行動が結果を出して余裕を生みます。こうした柔順で勤勉な努力が無くては、悠々自適な晩年は望めません。もし他人の働きに期待するなら、働く人を励まし楽しませ働く喜びを後押しすることが必要です。何にも働かず利益を得るのは搾取でしかないのです。余裕や安心が続くと油断し、歓楽が過ぎて志を忘れる人は、種をまく時期を失い余裕を失くします。時に応じて動き、備える先に悠々自適の生活は築かれるでしょう。

干支数58　辛酉《かのととり》に重なる易のことば

風地観（ふうちかん）　優れた指導者の資質・大観し迎観する力・革命の兆し

観《かん》はものごとの根本を見抜く高度な観方で、優れた指導者が持つべき資質です。

大観は高みから見渡す目、迎観は下から仰ぎ見る目で、上に立つ人は、大観し迎観する目を持つことが求められます。生まれ年や月や日のどこかに干支数58がある人は、風地観《ふうちかん》の性質や傾向を宿しています。地上に風が吹き荒れる情景で、人々の不満がふつふつと高まり秩序が乱れそうな気配が漂います。観は、静かに深く大観して根本の原因を見抜き、迎観して人々の苦しみを知り、精神性を高め一層の徳を積む優れたリーダーを示します。そしてその姿を見て人々が柔順に随っていきます。

観光の語源で、昔、王がその領地の光（繁栄）を観る巡幸から生まれたことばです。立場や状況により人の観方は異なりますが、上に立つものはよく下の人の状況まで観察し、その苦しみを理解し、率先して模範となる姿を示してこそ人々を導けるのです。もし王様が物見遊山や歓楽に明け暮れていたら、人々の不満は爆発して革命の勢いに発展するかもしれません。革命の起点は辛酉の年の変動から始まるといわれ、これを「辛酉革命《しんゆう》」といいます。人の上に立つ資質を生かし、安定と平和を保つか改革へ進むか、大観し迎観して進路を定めましょう。

干支数59　壬戌《みずのえいぬ》に重なる易のことば

水地比《010000》（すいちひ）　親しみ和合する・派閥が生まれる

比《ひ》は比《くら》べることです。平和になると上下が親しみ合い公平に努めますが、やがて些細な比較が始まり力関係を憶測して派閥が生まれます。比は人が助け合う姿を意味しますが、同時に優劣を比較して分裂が進む兆候を示します。

生まれ年や月や日のどこかに干支数59がある人は、水地比《すいちひ》の性質や傾向を宿しています。

混乱した状態が落ち着き安定と平和が訪れ、共に助け合った喜びを分かち合って、上下分け隔てなく打ち解けて親しむ情景です。何事も話し合いで解決していくので、皆が柔順に従い円満に運びます。しかしどれだけ公平を心がけても、徐々に誰かと比較して不満を持ち、他人をうらやみ不公平を感じる人が出てくるものです。繁栄や平和を築いても内部からまた混乱の芽が生まれ、平和を持続することは大変です。強く賢明なリーダーが大地にくまなく水をしみこませるように誠実に民主的に努力をしますが、次第に優劣を比較したり、好き嫌いが生じてグループが生まれ、派閥の芽となっていきます。

こうして各々が力がある人に引き寄せられ、分裂する兆しが生じてきます。平和と安定が持続しないのは、発展と終息、対立と和合を繰り返す人の本質なのでしょう。

干支数60　癸《みずのと》亥《い》に重なる易のことば

山地剥（さんちはく）　潔い引き際・終息の時を知る賢明さ

剥《はく》は剥《は》ぐ、剥がされることで、抵抗勢力が力を増してきた時は、剥がされる前に無理せず引いて次の機会を待つことが安全です。潔く引くか現状に執着するかはその後の明暗を分ける大事な選択です。生まれ年や月や日のどこかに干支数60がある人は、山《さん》地《ち》剥《はく》の性質や傾向を宿しています。下から陰の気に突き上げられて一陽が剥がされそうな状態です。また枝に残る最後の一葉は、風前の灯火のような危うさやはかなさがあります。人の一生は盛大に繁栄する時と、花も実も枯れ落ちて終息する時があります。

必ず冬が来るように、人の勢いも衰退し終息する時が必ず来るのです。それは現状に留まるか、潔く引いて次に備えるかの分岐点です。引けば花道が用意されて名誉や蓄積を保てますが、間違えば名誉も実績も失うことがあります。余力を残したまま引いて志を次世代につなぐことが人の晩年の重要な務めです。人も努力で築いた実績を、隆盛な次世代に託す時が来ます。

そして春を待てばまた芽が出ることを一陽来復するといいます。自分でなければと現状に固執すれば、失脚、破産、病魔に苦しむこともあります。何事も潮時や限界を測り、迅速に行動できる人は安泰で、また次にステップアップして活躍する時が訪れるでしょう。

第一章

干支と易でよみとく
自分だけの「生命の木」の育て方

種子の名前は天性・六曜星

日の干支数が示す、六種類の種子の個性と生命リズム

日の干支数から導く六曜星

一般に知られている十二支は干支の枝を表し、別に十干という幹があります。干支は幹と枝の合体したもので、干支の暦は1に始まり60で一巡して1に戻る六十進法です。

そして干支が一回りすることを還暦といいます。

60ある干支は幹の十干が一巡する1～10、11～20、21～30、31～40、41～50、51～60で巡る六つのグループがあります。この六つの特性を天体の五惑星や地球（月）を加えた六惑星に充てて、昔から実用上の星の名前に用いられてきました。

本書の基となる啓山易学は、干支暦の探究から、六つの干支のグループに、現代のカレンダーに用いられる七曜星の名前を実用上の名前に用いています。七曜星の歴史は相当の古代に遡りますが、天体の五惑星と密接な関係があります。そして七曜星から安息日の日曜を除いた、行動する六曜星が「生命の木」の種子の名前です。干支から生まれた無数の「生命の木」の元になる六種類の種子を「天性・六曜星」と呼びます。天性・六曜星は、月曜星・火曜星・水曜星・木曜星・金曜星・土曜星の六つで、干支の特性から次のように分けられます。

＊生まれ日の干支数1～10のグループの種子は土曜星

冬至の頃発芽発動し、生長して春の土用に可憐な花を咲かせます。そして夏から秋に実を付け熟生し、秋の土用に実の種を落とし地中に眠りにつく天性です。

＊生まれ日の干支数11～20のグループの種子は金曜星

秋の土用に発芽発動して生長し、春から夏にかけて、可憐な草花や華麗な大輪の花を咲かせ、花の種を落とし一代を終えて眠りにつく天性です。

＊生まれ日の干支数21～30のグループの種子は火曜星

秋に発芽発動し、徐々に生長して厳しい冬に負けずに咲く花です。春の土用に実を付け熟成して、夏の盛りに地中に眠りにつく天性です。

＊生まれ日の干支数31～40のグループの種子は月曜星

夏に発芽発動し、生長して秋の土用に素朴な花を咲かせます。冬の季節に結実し熟成して、春の土用に実の種は落ち地中に眠りにつく天性です。

＊生まれ日の干支数41～50のグループの種子は木曜星

春の土用に発芽発動し、生長して秋の盛りに趣のある多様な花を咲かせます。冬の間は静かに実を付けて熟成し、春の訪れとともに実の種は落ち眠りにつく天性です。

＊生まれ日の干支数51～60のグループの種子は水曜星

自然界の季節に沿い、春に発芽発動し、夏の盛りに華麗で個性的な花を咲かせ、秋には豊かに結実して熟成し、冬の季節に実の種は落ち眠りにつく天性です。

＊六曜星の陰と陽

年の干支数が奇数は陽（1）の天性・六曜星
年の干支数が偶数は陰（0）の天性・六曜星

【六曜星まとめの表】

生まれ日の干支数	対応する六曜星	生命のリズム	花のイメージ
1〜10	土曜星	冬至の頃発芽発動し、春の土用に可憐な花を咲かせます。	藤・桜・マツバギク・カスミソウ など
11〜20	金曜星	秋の土用に発芽発動し、春から夏にかけて、可憐な草花や華麗な大輪の花を咲かせます。	梅・桃・フリージア・スイートピー　など
21〜30	火曜星	秋に発芽発動し、徐々に生長して、厳しい冬に負けない花を咲かせます。	シクラメン・松・杉・ポインセチアなど
31〜40	月曜星	夏に発芽発動し、秋の土用に素朴な花を咲かせます。	コスモス・吾亦紅・ナナカマド・ブドウなど
41〜50	木曜星	春の土用に発芽発動し、秋の盛りに趣のある多様な花を咲かせます。	ススキ・百日紅・グラジオラス・萩など
51〜60	水曜星	春に発芽発動し、夏の盛りに華麗で個性的な花を咲かせます。	バラ・カトレア・ひまわり・スイレンなど

六曜星には一定の生命リズムがある

地上の時は十二進法で刻まれています。12年、12ヵ月、12日、そして一日の24時間にそのリズムが繰り返されていきます。暑さに弱い、寒さに強い、雨が好き、雨が嫌い、朝が弱い、夜に強いなど、生活習慣も含めて、何となく強弱のリズムを感じていることはありませんか。それは親であり元である種子の生命リズムの違いがあるからです。

地上には季節があり、特に東洋には明確な四季があります。易は東洋の季節に応じた自然の見方がベースにあり、太陽のもたらす明暗・寒暖を生かし、その恩恵を日常に活用するために、人は二十四節気などの暦を作りました。農作物の収穫は、特に古代の人々の命に関わる重大な関心事だったのです。そして季節ごとに発芽し生長して花が咲き、実が熟す時期が異なる植物の個性を生かして、農業は多様に進化していきました。

生命の種子である六曜星も同様に、季節ごとに異なる進化の過程があり、土にかえり眠る時期が異なります。それは日に月にそして年に一定の生命のリズムの中で進化と衰退を繰り返して、やがて深い眠りにつくまでその循環がやむことはありません。そのリズムをつかみ生かすことで、伸び栄える時の勢いは増します。また収束に至る時は十分な安息をとるために、エネルギーを蓄積することの大切さを知るでしょう。

植物も人も季節に応じたリズムを持つ同じ生命なのです。自分の個性や生命リズムを知ることで自分を生かす道が見えてくるでしょう。

*土曜星の個性と生命リズム・日の干支数1〜10の人

土曜星の多くは春の土用に華麗で瑞々しい花を咲かせ、秋の土曜に収束する、地上の時を刻む生命リズムがあります。生命リズムを参考に、発展の勢いが増す時は大いに行動し、また収束に向かう時は、エネルギーを加減して余力を残すことが、根や幹や枝葉を強くたくましく育む秘訣です。そして大きな人生の動きや日々の行動に活用して、強い生命力を育ててください。

*土曜星の種子の個性

春の土用が開花期なので、反対の秋の土用が充電のための安息期です。根や幹や枝葉の干支数の違いで、異なる性質を発揮する生命の木となりますが、このリズムは共通しています。清楚で品の良い外観ですが、結実するとクリのように堅い実となり、頑固で自己主張が強く、柔軟で柔順な外見に似合わない頑なな内面をもちます。

繊細なようでしたたかでもあり、変化を好むようで凝り性でもあり、その内面と外面のギャップがユニークな発想や個性を生む源ともいえます。自分の属する環境やパートナーとの生活には柔軟で柔順ですが、内面の頑なさを抑えるものではありません。探求心や凝り性がプラスに発展すると、創造的な分野に才能を発揮するでしょう。

*土曜星の花のイメージ…藤・桜・マツバギク・カスミソウ・ラベンダー・つる草・すずらん

【土曜星の生命リズム】生まれ年の干支数が奇数は陽(1)・偶数は陰(0)

十二支	寅	卯	辰	巳	午	未	申	酉	戌	亥	子	丑
年・日	年・日	年・日	年・日	年・日	年・日	年・日	年・日	年・日	年・日	年・日	年・日	年・日
月	2月	3月	4月	5月	6月	7月	8月	9月	10月	11月	12月	1月
土曜星(1)	春	夏			秋			冬			春	
	選定	養生	達生	遊気	再生	熟生	収蔵	核入	育精	胎動	発動	生長
土曜星(0)	春		夏			秋			冬			春
	生長	選定	養生	達生	遊気	再生	熟生	収蔵	核入	育精	胎動	発動

【十二の生命リズムの特性と生かし方(六曜星共通)】

春	発動	・地上に芽が出る勢い。環境や状況の変化を生かして活気付く。 ・心機一転して積極的に行動する好機。新たな挑戦や活動は吉。
	成長	・茎が伸びるような伸展の勢い。積極的に切り開き進展する。 ・伸び伸びと活動し知識を吸収して伸びる。新規の縁を生かす。
	選定	・良い花を咲かすため枝葉を剪定し間引く。願いや目標が根付く時。 ・目標を明確にすることで無理や無駄に気付く。発展の欲望を絞り込む。
夏	養生	・花のつぼみが膨らむ最盛期だが害虫も多い。休息し養心養生に励む。 ・勢いが停滞するが焦らず点検と補充の時。様々な不調は休養のサイン。
	達生	・開花の時。目的の達成や願いの成就の現象。努力の成果を見る。 ・努力と活動の結果が出る。花は本心の正体と考える。願いを実現する。
	遊気	・花が枯れて実が付くまでの遊休期。発展の欲望を加減し根を守る時。 ・好調に慢心せず結果や成果の流れを継続。様々な倦怠期の現象を乗り切る。
秋	再生	・実が付き新たな活動期に入る。実が熟すまで根幹を守ることに集中。 ・好調なら拡張や拡大の好機。不調なら再生・再起・復活の好機。
	熟生	・実が熟し真の達成感を味わう。繁栄発展への努力と頑張りが報われる。 ・成果と共に人格的にも熟成して繁栄を守る。実りは努力と我慢の結晶。
	収蔵	・熟した実が落下する。他の生命を養う実りを生かす。収穫を刈り取る。 ・収穫を蓄積し冬に備える。繁栄におごらず収束し守りを固める。世代交代。
冬	核入	・実の種が地中に保存される。生命の種子を宿す時。受け身と守りの時。 ・勢いを収束して大事なものを守る。継続し次につなぐ地盤を固める。
	育精	・安息と充電のための冬眠期。地中で種子が育まれる。次のプランを立てる。 ・環境悪化や障害は誠心誠意乗り切る。現状維持が最善。賢明なリセット期。
	胎動	・厳しさの中に早春の息吹を感じる。状況を静観し機会に応じて機敏に動く。 ・変化と希望の兆しに臨機応変に動く。活動の準備に励む。心機一転の行動。

*金曜星の個性と生命リズム・日の干支数11〜20の人

金曜星は花の人生を全うする個性で、春に咲く草花から、真夏に咲く華麗な大輪の花まで個性も彩りも豊かです。

生命リズムを参考に、切り花の人生にならずに花の種を残すことを心がけ、精一杯伸び伸びと個性を発揮しましょう。晩年にキリギリス人生にならないよう、勢いのある時に蓄財を心がけることが安定のカギです。

*金曜星の種子の個性

春が開花期で夏まで続きます。秋の収束期に根のない花になると、種も残せない一代花で終わるでしょう。根を守り土台を守ることができれば、多くの種を残して次世代につなげることができます。束縛のない自由な環境を好み、他人に強制もしません。花の人生は自分が注目されることに張り合いを感じます。他を抱え込み背負う包容力は希薄で、深く頼られると重荷に感じそうです。また興味や関心を無くすと、失速するように衰退するため、常に新鮮な意欲を保つことが元気の源です。金銭にこだわらない大らかな面があり、良く出ると自立した優れた経済観念となり、悪くでると依存心が強くなり、金銭感覚も大雑把で浪費もしそうです。経済安定を早くに意識することで土台を守れるでしょう。

*金曜星の花のイメージ…椿・若竹・梅・桃・雪柳・猫柳・フリージア・スイトピー

【金曜星の生命リズム】生まれ年の干支数が奇数は陽（1）・偶数は陰（0）

十二支	寅	卯	辰	巳	午	未	申	酉	戌	亥	子	丑
年・日	年・日	年・日	年・日	年・日	年・日	年・日	年・日	年・日	年・日	年・日	年・日	年・日
月	2月	3月	4月	5月	6月	7月	8月	9月	10月	11月	12月	1月
金曜星（1）	夏		秋			冬			春			夏
	達生	遊気	再生	熟生	収蔵	核入	育精	胎動	発動	生長	選定	養生
金曜星（0）	夏			秋			冬			春		
	養生	達生	遊気	再生	熟生	収蔵	核入	育精	胎動	発動	生長	選定

【十二の生命リズムの特性と生かし方（六曜星共通）】

春	発動	・地上に芽が出る勢い。環境や状況の変化を生かして活気付く。 ・心機一転して積極的に行動する好機。新たな挑戦や活動は吉。
	成長	・茎が伸びるような伸展の勢い。積極的に切り開き進展する。 ・伸び伸びと活動し知識を吸収して伸びる。新規の縁を生かす。
	選定	・良い花を咲かすため枝葉を剪定し間引く。願いや目標が根付く時。 ・目標を明確にすることで無理や無駄に気付く。発展の欲望を絞り込む。
夏	養生	・花のつぼみが膨らむ最盛期だが害虫も多い。休息し養心養生に励む。 ・勢いが停滞するが焦らず点検と補充の時。様々な不調は休養のサイン。
	達生	・開花の時。目的の達成や願いの成就の現象。努力の成果を見る。 ・努力と活動の結果が出る。花は本心の正体と考える。願いを実現する。
	遊気	・花が枯れて実が付くまでの遊休期。発展の欲望を加減し根を守る時。 ・好調に慢心せず結果や成果の流れを継続。様々な倦怠期の現象を乗り切る。
秋	再生	・実が付き新たな活動期に入る。実が熟すまで根幹を守ることに集中。 ・好調なら拡張や拡大の好機。不調なら再生・再起・復活の好機。
	熟生	・実が熟し真の達成感を味わう。繁栄発展への努力と頑張りが報われる。 ・成果と共に人格的にも熟成して繁栄を守る。実りは努力と我慢の結晶。
	収蔵	・熟した実が落下する。他の生命を養う実りを生かす。収穫を刈り取る。 ・収穫を蓄積し冬に備える。繁栄におごらず収束し守りを固める。世代交代。
冬	核入	・実の種が地中に保存される。生命の種子を宿す時。受け身と守りの時。 ・勢いを収束して大事なものを守る。継続し次につなぐ地盤を固める。
	育精	・安息と充電のための冬眠期。地中で種子が育まれる。次のプランを立てる。 ・環境悪化や障害は誠心誠意乗り切る。現状維持が最善。賢明なリセット期。
	胎動	・厳しさの中に早春の息吹を感じる。状況を静観し機会に応じて機敏に動く。 ・変化と希望の兆しに臨機応変に動く。活動の準備に励む。心機一転の行動。

＊火曜星の個性と生命リズム・日の干支数21～30の人

火曜星は堅い実から生まれるため、頑なに華美な風潮に抵抗する中で鍛えられ洗われて、徐々に角が取れていき、形にこだわらない自分らしい生き方を求めて完結します。

昼と夜、明と暗の感覚が自然界と真逆なため、生命リズムを参考にして、自分を生かす環境を知り、個性を伸ばしましょう。堅い殻を破る苦労がしみ込んでいるので、軟弱で軽薄なことを嫌う傾向があります。人は多様な個性を持つものと大らかに考えましょう。

＊火曜星の種子の個性

寒く厳しい冬に凛と咲く一輪の花のイメージがあり、逆に華やかな夏の時期にはひっそりと土中に潜ります。自然界の巡りと真逆の生命リズムですが、人は地上の時の動きに合せて活動するため、制約の中で暮らすように感じるかもしれません。

元々厳しい環境に開花する花なので、制約や厳しさを耐えることができる強さが備わっています。もし環境に依存してひ弱な生活を送ると、花も咲かない人生となる可能性が高まるでしょう。恵まれた環境に育っても、あえて冒険や過酷な仕事を選ぶ可能性があります。

厳しさを乗り越えた後の達成感や、耐えた後の満足感は素直な喜びとなり、徐々にしなやかで柔軟な考え方が備わってきます。

＊火曜星の花のイメージ…シクラメン・松・杉・ポインセチア・福寿草・スノードロップ

【火曜星の生命リズム】 生まれ年の干支数が奇数は陽（1）・偶数は陰（0）

十二支	寅	卯	辰	巳	午	未	申	酉	戌	亥	子	丑
年・日	年・日	年・日	年・日	年・日	年・日	年・日	年・日	年・日	年・日	年・日	年・日	年・日
月	2月	3月	4月	5月	6月	7月	8月	9月	10月	11月	12月	1月
火曜星（1）	秋			冬			春			夏		
	再生	熟生	収蔵	核入	育精	胎動	発動	生長	選定	養生	達生	遊気
火曜星（0）	夏	秋			冬			春			夏	
	遊気	再生	熟生	収蔵	核入	育精	胎動	発動	生長	選定	養生	達生

【十二の生命リズムの特性と生かし方（六曜星共通）】

春	発動	・地上に芽が出る勢い。環境や状況の変化を生かして活気付く。 ・心機一転して積極的に行動する好機。新たな挑戦や活動は吉。
	成長	・茎が伸びるような伸展の勢い。積極的に切り開き進展する。 ・伸び伸びと活動し知識を吸収して伸びる。新規の縁を生かす。
	選定	・良い花を咲かすため枝葉を剪定し間引く。願いや目標が根付く時。 ・目標を明確にすることで無理や無駄に気付く。発展の欲望を絞り込む。
夏	養生	・花のつぼみが膨らむ最盛期だが害虫も多い。休息し養心養生に励む。 ・勢いが停滞するが焦らず点検と補充の時。様々な不調は休養のサイン。
	達生	・開花の時。目的の達成や願いの成就の現象。努力の成果を見る。 ・努力と活動の結果が出る。花は本心の正体と考える。願いを実現する。
	遊気	・花が枯れて実が付くまでの遊休期。発展の欲望を加減し根を守る時。 ・好調に慢心せず結果や成果の流れを継続。様々な倦怠期の現象を乗り切る。
秋	再生	・実が付き新たな活動期に入る。実が熟すまで根幹を守ることに集中。 ・好調なら拡張や拡大の好機。不調なら再生・再起・復活の好機。
	熟生	・実が熟し真の達成感を味わう。繁栄発展への努力と頑張りが報われる。 ・成果と共に人格的にも熟成して繁栄を守る。実りは努力と我慢の結晶。
	収蔵	・熟した実が落下する。他の生命を養う実りを生かす。収穫を刈り取る。 ・収穫を蓄積し冬に備える。繁栄におごらず収束し守りを固める。世代交代。
冬	核入	・実の種が地中に保存される。生命の種子を宿す時。受け身と守りの時。 ・勢いを収束して大事なものを守る。継続し次につなぐ地盤を固める。
	育精	・安息と充電のための冬眠期。地中で種子が育まれる。次のプランを立てる。 ・環境悪化や障害は誠心誠意乗り切る。現状維持が最善。賢明なリセット期。
	胎動	・厳しさの中に早春の息吹を感じる。状況を静観し機会に応じて機敏に動く。 ・変化と希望の兆しに臨機応変に動く。活動の準備に励む。心機一転の行動。

*月曜星の個性と生命リズム・日の干支数31〜40の人

月曜星は秋の土用に群生するコスモスやリンドウのように素朴な野の花です。春に柔らかな実をつけますが、大半は多数の小粒の実がなる傾向です。集団の支持があって安定する特性があり、独り飛び出して目立つことは好みません。

大衆と共感し公平平等を愛し、無駄な飾りを嫌う月曜星の個性を生かすため、生命リズムを参考にしてください。大小にかかわらず社会と関わり、そこで築いた人の信頼関係が元気を生む源になるでしょう。

*月曜星の種子の個性

ひんやりとした爽やかな秋の土用の野辺に咲く草花のイメージがあり、反対の春の土用に収束し眠りにつきます。秋に比べ瑞々しい春は空気中の湿気も多く、じめじめしたムードを嫌うために、活動を抑制して充電を必要とするのでしょう。作為や不自然を嫌い、裏を読むことも苦手なため、率直で直情的な反応をする傾向があります。特に弱者の立場に立つ時は、正義感を刺激されて、感情的なことばや態度をとることがあります。情に左右されて甘くなることや短気な行動には注意が必要でしょう。活躍の場を開いていくために、若い時から良い人と関わり、張り合いのある環境や方向を定めて土台を築くことが大切です。

健全で裏表のない良い人間関係は心を安定させるでしょう。

*月曜星の花のイメージ…コスモス・吾亦紅・ナナカマド・ブドウ・リンドウ・銀杏・菩提樹

【月曜星の生命リズム】 生まれ年の干支数が奇数は陽(1)・偶数は陰(0)

十二支	寅	卯	辰	巳	午	未	申	酉	戌	亥	子	丑
年・日	年・日	年・日	年・日	年・日	年・日	年・日	年・日	年・日	年・日	年・日	年・日	年・日
月	2月	3月	4月	5月	6月	7月	8月	9月	10月	11月	12月	1月
月曜星(1)	秋	冬			春			夏			秋	
	収蔵	核入	育精	胎動	発動	生長	選定	養生	達生	遊気	再生	熟生
月曜星(0)	秋		冬			春			夏			秋
	熟生	収蔵	核入	育精	胎動	発動	生長	選定	養生	達生	遊気	再生

【十二の生命リズムの特性と生かし方(六曜星共通)】

春	発動	・地上に芽が出る勢い。環境や状況の変化を生かして活気付く。 ・心機一転して積極的に行動する好機。新たな挑戦や活動は吉。
	成長	・茎が伸びるような伸展の勢い。積極的に切り開き進展する。 ・伸び伸びと活動し知識を吸収して伸びる。新規の縁を生かす。
	選定	・良い花を咲かすため枝葉を剪定し間引く。願いや目標が根付く時。 ・目標を明確にすることで無理や無駄に気付く。発展の欲望を絞り込む。
夏	養生	・花のつぼみが膨らむ最盛期だが害虫も多い。休息し養心養生に励む。 ・勢いが停滞するが焦らず点検と補充の時。様々な不調は休養のサイン。
	達生	・開花の時。目的の達成や願いの成就の現象。努力の成果を見る。 ・努力と活動の結果が出る。花は本心の正体と考える。願いを実現する。
	遊気	・花が枯れて実が付くまでの遊休期。発展の欲望を加減し根を守る時。 ・好調に慢心せず結果や成果の流れを継続。様々な倦怠期の現象を乗り切る。
秋	再生	・実が付き新たな活動期に入る。実が熟すまで根幹を守ることに集中。 ・好調なら拡張や拡大の好機。不調なら再生・再起・復活の好機。
	熟生	・実が熟し真の達成感を味わう。繁栄発展への努力と頑張りが報われる。 ・成果と共に人格的にも熟成して繁栄を守る。実りは努力と我慢の結晶。
	収蔵	・熟した実が落下する。他の生命を養う実りを生かす。収穫を刈り取る。 ・収穫を蓄積し冬に備える。繁栄におごらず収束し守りを固める。世代交代。
冬	核入	・実の種が地中に保存される。生命の種子を宿す時。受け身と守りの時。 ・勢いを収束して大事なものを守る。継続し次につなぐ地盤を固める。
	育精	・安息と充電のための冬眠期。地中で種子が育まれる。次のプランを立てる。 ・環境悪化や障害は誠心誠意乗り切る。現状維持が最善。賢明なリセット期。
	胎動	・厳しさの中に早春の息吹を感じる。状況を静観し機会に応じて機敏に動く。 ・変化と希望の兆しに臨機応変に動く。活動の準備に励む。心機一転の行動。

*木曜星の個性と生命リズム・日の干支数41～50の人

木曜星は実りの秋に咲く、彩り豊かで多様な花ですが、花というよりは、黄金色の稲穂の実りや、鮮やかな紅葉のイメージがあります。花より実を取る堅実な木曜星に似合います。そして草花が咲き乱れる春は収束し充電するための冬の季節です。

生命リズムを参考に、それぞれに季節の異なる繁栄期を知り、丁寧に人生設計をして、じっくりと自分のペースをつかみ実績を積み重ねましょう。

*木曜星の種子の個性

秋の盛りに繁栄期を迎えるために、春の土用に田植えをして、夏の炎天下に雑草を抜き、害虫駆除に励み、ようやく米の実が熟すまで勤勉に努力します。

一攫千金《いっかくせんきん》は一朝一夕にならずといい、種をまいてから猫の手も借りる勢いで一気に収穫するまでの結果が財産となること、それにかかる長い時間の努力と根気が木曜星の長所です。

同様に即断即決や、促成栽培のような早い結果を望むと、うまくいかないことが多いでしょう。人も同じように、徐々に能力を磨き実力をつけていくことで、適切な判断力や実行する力が身に付きます。遅咲きの花であり、晩成運が種子の特性といえます。

結果を急ぎ、一足飛びに成功を望めば、挫折や失敗を経験しそうです。でも若い時の苦労や挫折の経験をプラスに生かし、七転び八起きの粘り強さが磨かれます。

*木曜星の花のイメージ…ススキ・百日紅・グラジオラス・萩・桔梗・コムラサキ・ナデシコ

【木曜星の生命リズム】 生まれ年の干支数が奇数は陽(1)・偶数は陰(0)

十二支	寅	卯	辰	巳	午	未	申	酉	戌	亥	子	丑
年・日	年・日	年・日	年・日	年・日	年・日	年・日	年・日	年・日	年・日	年・日	年・日	年・日
月	2月	3月	4月	5月	6月	7月	8月	9月	10月	11月	12月	1月
木曜星(1)	冬		春			夏			秋			冬
	育精	胎動	発動	生長	選定	養生	達生	遊気	再生	熟生	収蔵	核入
木曜星(0)	冬			春			夏			秋		
	核入	育精	胎動	発動	生長	選定	養生	達生	遊気	再生	熟生	収蔵

【十二の生命リズムの特性と生かし方(六曜星共通)】

春	発動	・地上に芽が出る勢い。環境や状況の変化を生かして活気付く。 ・心機一転して積極的に行動する好機。新たな挑戦や活動は吉。
	成長	・茎が伸びるような伸展の勢い。積極的に切り開き進展する。 ・伸び伸びと活動し知識を吸収して伸びる。新規の縁を生かす。
	選定	・良い花を咲かすため枝葉を剪定し間引く。願いや目標が根付く時。 ・目標を明確にすることで無理や無駄に気付く。発展の欲望を絞り込む。
夏	養生	・花のつぼみが膨らむ最盛期だが害虫も多い。休息し養心養生に励む。 ・勢いが停滞するが焦らず点検と補充の時。様々な不調は休養のサイン。
	達生	・開花の時。目的の達成や願いの成就の現象。努力の成果を見る。 ・努力と活動の結果が出る。花は本心の正体と考える。願いを実現する。
	遊気	・花が枯れて実が付くまでの遊休期。発展の欲望を加減し根を守る時。 ・好調に慢心せず結果や成果の流れを継続。様々な倦怠期の現象を乗り切る。
秋	再生	・実が付き新たな活動期に入る。実が熟すまで根幹を守ることに集中。 ・好調なら拡張や拡大の好機。不調なら再生・再起・復活の好機。
	熟生	・実が熟し真の達成感を味わう。繁栄発展への努力と頑張りが報われる。 ・成果と共に人格的にも熟成して繁栄を守る。実りは努力と我慢の結晶。
	収蔵	・熟した実が落下する。他の生命を養う実りを生かす。収穫を刈り取る。 ・収穫を蓄積し冬に備える。繁栄におごらず収束し守りを固める。世代交代。
冬	核入	・実の種が地中に保存される。生命の種子を宿す時。受け身と守りの時。 ・勢いを収束して大事なものを守る。継続し次につなぐ地盤を固める。
	育精	・安息と充電のための冬眠期。地中で種子が育まれる。次のプランを立てる。 ・環境悪化や障害は誠心誠意乗り切る。現状維持が最善。賢明なリセット期。
	胎動	・厳しさの中に早春の息吹を感じる。状況を静観し機会に応じて機敏に動く。 ・変化と希望の兆しに臨機応変に動く。活動の準備に励む。心機一転の行動。

＊水曜星の個性と生命リズム・日の干支数51〜60の人

水曜星は、自然界の季節に沿って進化収束する個性です。春に発芽し、活動を開始して成長し、夏には華麗で個性的な花を咲かせます。そして秋には実を付け、冬は休息と充電の季節です。生命リズムも陰陽の生まれ年で微妙なずれがありますが、ほぼ四季の移り変わりに沿っています。自然界の季節の特徴を感じ取り、素直にリズムを生かして行動しましょう。また引き時が来たら潔く収束に向かうことで次の春には元気に活動できます。

＊水曜星の種子の個性

真夏の太陽を浴びて、大輪の花を咲かせるひまわりのような明るいイメージです。その花の種子は、冬の間に生命力を充電して、春の訪れと共に発芽発動してぐんぐん成長します。

秋には豊かな実がなり、その恩恵の余力を残して蓄積できるかどうかが、未来の安定を左右します。楽天的な面があり、毎年、冬の前に実りを消費しつくしてしまうと、蓄積がつくれないまま低迷してしまいます。自然と一体になって行動する気持ちで、季節に必要な仕事に励み、季節を楽しみ、余裕の中で冬季に入ることを目標にしましょう。

ひまわりやバラのように、人に好まれ注目されますが、内面が充実して豊かな個性が磨かれていけば、一輪の花の価値は一層高まります。目標を高く持ち自分磨きに励みましょう。

＊水曜星の花のイメージ…バラ・カトレア・ひまわり・スイレン・ケシ・サボテン・ガーベラ

【水曜星の生命リズム】 生まれ年の干支数が奇数は陽（1）・偶数は陰（0）

十二支	寅	卯	辰	巳	午	未	申	酉	戌	亥	子	丑
年・日	年・日	年・日	年・日	年・日	年・日	年・日	年・日	年・日	年・日	年・日	年・日	年・日
月	2月	3月	4月	5月	6月	7月	8月	9月	10月	11月	12月	1月
水曜星（1）	春			夏			秋			冬		
	発動	生長	選定	養生	達生	遊気	再生	熟生	収蔵	核入	育精	胎動
水曜星（0）	冬	春			夏			秋			冬	
	胎動	発動	生長	選定	養生	達生	遊気	再生	熟生	収蔵	核入	育精

【十二の生命リズムの特性と生かし方（六曜星共通）】

春	発動	・地上に芽が出る勢い。環境や状況の変化を生かして活気付く。 ・心機一転して積極的に行動する好機。新たな挑戦や活動は吉。
	成長	・茎が伸びるような伸展の勢い。積極的に切り開き進展する。 ・伸び伸びと活動し知識を吸収して伸びる。新規の縁を生かす。
	選定	・良い花を咲かすため枝葉を剪定し間引く。願いや目標が根付く時。 ・目標を明確にすることで無理や無駄に気付く。発展の欲望を絞り込む。
夏	養生	・花のつぼみが膨らむ最盛期だが害虫も多い。休息し養心養生に励む。 ・勢いが停滞するが焦らず点検と補充の時。様々な不調は休養のサイン。
	達生	・開花の時。目的の達成や願いの成就の現象。努力の成果を見る。 ・努力と活動の結果が出る。花は本心の正体と考える。願いを実現する。
	遊気	・花が枯れて実が付くまでの遊休期。発展の欲望を加減し根を守る時。 ・好調に慢心せず結果や成果の流れを継続。様々な倦怠期の現象を乗り切る。
秋	再生	・実が付き新たな活動期に入る。実が熟すまで根幹を守ることに集中。 ・好調なら拡張や拡大の好機。不調なら再生・再起・復活の好機。
	熟生	・実が熟し真の達成感を味わう。繁栄発展への努力と頑張りが報われる。 ・成果と共に人格的にも熟成して繁栄を守る。実りは努力と我慢の結晶。
	収蔵	・熟した実が落下する。他の生命を養う実りを生かす。収穫を刈り取る。 ・収穫を蓄積し冬に備える。繁栄におごらず収束し守りを固める。世代交代。
冬	核入	・実の種が地中に保存される。生命の種子を宿す時。受け身と守りの時。 ・勢いを収束して大事なものを守る。継続し次につなぐ地盤を固める。
	育精	・安息と充電のための冬眠期。地中で種子が育まれる。次のプランを立てる。 ・環境悪化や障害は誠心誠意乗り切る。現状維持が最善。賢明なリセット期。
	胎動	・厳しさの中に早春の息吹を感じる。状況を静観し機会に応じて機敏に動く。 ・変化と希望の兆しに臨機応変に動く。活動の準備に励む。心機一転の行動。

第一章

干支と易でよみとく
自分だけの「生命の木」の育て方

日の干支数は
種子から伸びる根の性質
日の数は心を動かし幹を支える
根本の性質

＊日数1（甲子）の根の性質

日数1の人の種子・天性は土曜星です。外見は大人しく温和で柔順ですが、内面は理想への意欲と引っ込み思案な気持ちが競い合っています。若い時は純粋な熱意が強く積極的に行動しますが、成功したいと安易な気持ちで始めると、現実の厳しさに行き詰まり早々に挫折を経験します。計画を立て必要な能力を根気よく磨くことが大切でしょう。もし失敗を繰り返して自信を失うと、臆病な気持ちが増して望みがどんどん低くなり、純粋な心や品格を失う心配があります。目標や夢を描いたら、良い環境や指導者を求め、必要な実力を着実に養うことが成功を引き寄せます。目上に可愛がられ引き立てられてチャンスに恵まれ、周囲の恩恵に応えて謙虚に誠実に自分の役割を果たすことで、夢を実現する道が開けます。

そして焦らず着実に続ければ、徐々に認められ信頼されて望む生活をつかめるでしょう。でも恋多い人生や厳しく激しい世界はあまり似合いません。特に三十代は安定した幸せをつかむターニングポイントです。寂しさや現状への不安があるようなら、自信を失う前に安定路線へチェンジしましょう。根の性質は安定と落ち着きを求め、華やかさや成功を競い合う世界より、心が通い合う人と寄り添い、平穏な人生の中で能力を生かすことのようです。

◇土曜星の生命リズムを生かし、堅実な人生を築きましょう。

＊日数2（乙丑）の根の性質

日数2の人の種子・天性は土曜星です。穏やかでとらえどころのないムードですが、威厳と品格があります。負けん気が強く強情に見えますが、引っ込み思案でなかなか行動できないため、頑なに思われるのでしょう。夢多いロマンチストでもあり、目的を絞り我慢強く持続する力を養えば、徐々に信用が増して安定します。瞬発力を求められると出遅れやすく、機敏な動きは苦手ですが、安定感と根気では負けないでしょう。困難な道でも、地道に粘り強く努力すれば必ず成し遂げる力があります。内面には意欲や発展の欲望がありますが、方向を定めて持続することで、理解されて安定した安らぎを得られます。

興味や好奇心で安易に飛びつかず、純粋にやりたいことを求め、本気で頑張ろうと思うまでじっくり本心と向き合いましょう。結論を急がされる時に相談できる人は大切で、焦って独断で判断すると方向を誤る心配があります。どんなに急いでも動く前に立ち止まり必要な準備や確認が大切です。リーダーとして先導する立場より、補佐的な仕事に実力を発揮するでしょう。

願いをかなえ幸せをつかむには、得意なことを選び落ち着いて長く続けることです。徐々に信頼と評価が高まり、なくてはならない存在になっていきます。

◇土曜星の生命リズムを生かし、大らかに安定を築きましょう。

*日数3（丙寅）の根の性質

日数3の人の種子・天性は土曜星です。瑞々しい新芽のように未来への夢がいっぱいで、恋愛もしたい、冒険もしたいとやりたいことや好奇心が旺盛。成功への意欲や理想への熱意も高いでしょう。注意することは、勢いが強すぎるため準備不足のまま行動して勇み足になりがちなことです。何かを急いで始めると行き詰まる傾向があり、思いが強い分つらく悲しい思いを経験しそうです。

夢を絞り込んで本当の願いを突き詰めれば、やりがいある仕事や心が通じるパートナーとの充実した生活になりそうです。本心の純粋な願いを強く持ち続けていけば、必ず道が開き進む好機がきます。様々なチャレンジは本心の願いに近づき幸せをつかむステップと思いましょう。

行き詰まる不安でつらく寂しい時、また心が弱っている時は、安易に決断して行動をすると判断を誤りやすく、益々混乱を深めて大きな損失や苦労を経験することになります。

明るく健全な未来を遠ざけないよう、つらい時ほど目先の誘惑に惑わず好転する時を待ちましょう。励まし合える仲間や友を大切に、本心の思いを持続していけば、耐えて待った分伸び伸びと活躍する未来が開けます。

◇土曜星の生命リズムを生かし、幸せな未来を築きましょう。

*日数4（丁卯）の根の性質

日数4の人の種子・天性は土曜星です。少々一本気ですが意欲も向上心も旺盛です。人に対しては温和で公平なため、交友関係に恵まれ好感度も高いでしょう。

興味や関心を持つ中で、周囲が共感し応援できる健全な目標を持つと、願いが成就し大成する可能性が高まります。

喜びを共有する人の存在は、行動の励みになり冷静さと根気が磨かれます。誠実で思いやりのある性質は最大の長所ですが、予想外のライバルが現れると、子供じみた妬みや独占欲が浮上して信頼関係を崩す心配があります。また逆に好調な時は妬みや反感を買わないよう謙虚な振る舞いを心がけましょう。警戒心が希薄で、リスクを甘く考える所がありますが、失敗してくじけても切り替える潔さがあり、立ち直りは早いでしょう。

孤独に弱いので、心が通じる友や仲間は大切です。公私ともに信頼し共感できる人生のパートナーと出会えると、柔順で誠実な長所が磨かれて心が安定します。

発展への前向きな意欲や持ち前のプラス思考を生かし、身近の人の共感と信頼を得ることが発展の力になります。良い人と出会い長く信頼関係を持続して、平和で穏やかな生活を築くことができるでしょう。

◇土曜星の生命リズムを生かし、大らかで安定した生活を築きましょう。

易
日
年
月

＊日数5（戊辰）の根の性質

日数5の人の種子・天性は土曜星です。爽やかで明るく好奇心や意欲が旺盛で前向きな性質です。変化を敏感に感じて積極的に行動しますが、自信や勢いが強すぎると反感を持たれて損をします。悪意がなくてもことばがストレートできつくなりやすく、感情的で短気な行動は注意が必要です。

身内や友への思いやりや心遣いがあり、その優しさを素直に発揮して円満で穏やかな人間関係を築くことを心がけましょう。良い人、良い環境に守られて心が安定し、願うことがスムーズに運んで活気のある人生になります。

正論に固執したり、信じる人に肩入れし過ぎたり、先走りや思い込みで行動すると先行きが不安定になります。じっくり考える癖をつけて、決めたら根気よく続けることが安心で、慌ただしく動いたり、性急に判断をすると道を誤る可能性が高くなります。信頼できる周囲の人たちの客観的で冷静な意見を聞き、またやろうとすることが理解されて、協力を得ることができれば成功をグンと近づけます。自分にとって大事なことでも、周囲の人の思いに沿うかをよく考えて、独り善がりにならないことが大切です。共に生きる人、深く人生に関わる人を優先すると、大事なものが見えてきます。守るものが明確になれば波乱の人生を防ぎ、活気に満ちた生活と穏やかな安定と幸せを引き寄せるでしょう。

◇土曜星の生命リズムを生かし、活気ある安定した人生を築きましょう。

＊日数6（己巳）の根の性質

日数6の人の種子・天性は土曜星です。誠実で思慮深く秩序やルールを守る誠実な人柄で、素直に心が通じ合い信じあえることを望み、平穏な環境で心が安定します。

見方や考え方が純粋で環境の影響を受けやすいため、良い人と交わり良い環境に身を置くことで大らかな心が成長していきます。思いやりがあり誠実に努力しますが、相手にも誠実さを求めるため、時には干渉や束縛が過ぎて面倒な人と思われることがあります。自分の価値観が正しいと思い込まず、また愛情からでも干渉や執着心を抑えましょう。自分本位に考えないよう努力すれば、信頼されて温かく平和な生活を保つことができます。燃えるような情熱は熱すぎて周りから人を遠ざけ、また人への厳しさに表れると反感を買うでしょう。

寒い冬の陽だまりには人が集うように、厳しさの中に温かな優しさを発揮すれば、信頼と平和に包まれて発展していきます。悲しい思いをしないために、皆が違う色の糸と思い、互いの糸を紡ぐことを楽しみましょう。本来探求心が強く未知への興味も旺盛です。どんな織物になるか、異なる長所や欠点を理解することで予想外の発見や発展をもたらします。

あなたの純粋な思いは徐々に浸透して他と調和し、美しく素晴らしい織物になる可能性がありま す。焦らず急がず、心が通じる人に出会い、未知の未来を紡いでいく心の余裕が幸せを導くでしょう。

◇土曜星の生命リズムを参考に、心が通じ合う温かな人生を築きましょう。

易
日
年
月

＊日数7（庚午）の根の性質

日数7の人の種子・天性は土曜星です。明るく社交的ですが内面は繊細で臆病なため警戒して素直に本心を見せません。華やかですが、意外に今できることを堅実に続けて実力を磨く堅実なタイプで、現状に見合う目標や力量に合う目標を持つことが発展につながります。

独特の美意識があり、負けん気やプライドも強く、分不相応な理想に囚われて選択を誤ると、幸せを遠ざける心配があります。成功を焦ることも、楽を望んで安易な考えに陥ることもマイナスです。日々を清々しく健康的に過ごすことで、本来の明るさや社交性がプラスに生かされて良い人を引き寄せます。人間関係も仕事も根気よく徐々に深めていくと、共感できる人や進む道を見極める余裕が生まれ、思う以上の成功や幸せをつかめるでしょう。日々の積み重ねを大切にすることで周囲との信頼を築き、成功へのステップが確実に上昇していきます。自分の考えに固執せず、周囲の客観的な見方に耳を傾けましょう。そして謙虚に行動を振り返る余裕をもち、反省すべき事や間違いに気付いたら素直に修正し、清々とした心で一日を終えることが大切です。

純粋で温かな性質が素直に発揮できると、明るく活動的な長所が益々引き立ちます。

焦らずに心豊かな日常を積み重ねていけば、気持ちが通じ合う人と出会い、活気のある幸せな生活を築けるでしょう。

◇土曜星の生命リズムを参考に、活気ある幸せな人生を築きましょう。

＊日数8（辛未）の根の性質

日数8の人の種子・天性は土曜星です。しなやかさと心の強さが魅力的な性質に表れます。恵まれた環境ではこの長所が磨かれず、楽に望みがかないすぎると、プライドや負けん気が強くなり、虚勢や見栄を張って徐々に低迷します。

思慮深く温和で弱者への思いやりがあり、余計な苦労を背負うことがありますが、内心のこだわりを夢や目標に変えて、現実の苦労に負けず努力を持続しましょう。困難な現実に逆らわずできる範囲で実力を養い続ければ、周囲に引き立てられ、恵まれた安定した生活に導かれます。明るい社交性と他人に依存しない心の強さが磨かれると、人に恵まれ機会に恵まれて大きなチャンスが巡ってきます。勢いがない時、力不足の時は環境に逆らわず、現状の中でできる努力を淡々と続けていくことが大切です。

安易に楽を望み好条件に飛びつくと、味方の信頼を失くしてしまいます。温和で大人しい雰囲気ですが、内面には強い発展への意欲と行動力があり、好機が巡る時には果敢につかむ俊敏さもあります。機を見て敏に行動するために、常に現状の中で努力し実力を磨き根気と粘り強さを鍛えておきましょう。淡々と好機を待てば必ず良い出会いがあり、安定した豊かな人生を築けます。

◇土曜星の生命リズムを生かして、幸せな未来をつかみましょう。

*日数9（壬申）の根の性質

日数9の人の種子・天性は土曜星です。環境や境遇に逆らわずできる努力を続けていくことで、徐々に実力を認められ周囲に引き立てられて上昇していきます。内面に意欲や情熱を秘めていますが、外に対しては温和で柔軟に協調して、敵対することが少なく好感をもたれます。

知性豊かな人が多く、リーダー的気質で弁も立ち器用で多才です。謙虚で潔く、功を焦らず出番が来る時を静かに待つため、周囲に頼られ期待されて立場が向上していきます。

逆に情熱や欲望を燃やして、成功を勝ち取ろうとすれば、不安定な状況を招いて苦労することになるでしょう。また大事な決断の場面で利害や損得にこだわると、迷いをさらに深めて判断を誤り、築いた土台を崩す心配があります。逆境の時や活躍の場面に恵まれない時は、流れに逆らわず現状でできる努力を続けましょう。ユーモアセンスもあり、愚かな振りもできるしたたかさは敵対しないための賢い知恵で、仲間や下の立場の人には思いやりがあり、気遣いもできる優しさと共に素晴らしい長所なのです。

凍り付く厳しい冬も必ず暖かな春に変化していきます。そして夜明けが訪れて朝日が頭上に光をあてるように活躍する時がやってきます。着実に実績を積み重ねていけば、周囲の信頼に支えられて安住の世界へ導かれ、歳を取るほどに安定した豊かな人生になるでしょう。

◇土曜星の生命リズムを生かして、辛抱強く安住できる世界を築きましょう。

＊日数10（癸酉）の根の性質

日数10の人の種子・天性は土曜星です。温和なムードで習慣や秩序を大事にして円熟した安定感があります。制約の中でも環境に順応して、自分なりの工夫で変化を楽しむことができる人で、周囲にも安心感を与えて信頼されます。美的センスがあり芸事や趣味に励み収集に凝る人も多いでしょう。内面には憧れや夢が膨らみますが、引っ込み思案もあり行動は堅実で無理はしません。

良いパートナーを得て恵まれた生活を送る素質がありますが、生活が安定した中年期に、心の豊かさや自由への憧れが頭をもたげ、羽ばたき願望が強くなることがありそうです。冒険心が高じて思いがけない奔放な行動をすると、人生上の最大の危機が訪れます。思い込むと融通が利かないために築いた土台や安定を失い、孤独な晩年になる心配があります。

堅実でまじめな日常や安定した生活は、段々マンネリ化して色あせて見えるかもしれません。でも不安定な状況に陥るとその大切さと心地よさを実感することでしょう。

安定を持続するために、若い時から趣味や技能に挑戦して続けることは、内面を豊かに保つために役立つはずです。パートナーと心が通じ合うことが心の安定にはとても大切で、歌や文章や絵画など心に潜む豊かな情熱を多彩に表現する能力を磨き、伝える力を鍛えることは、安定と幸せな人生を全うするためのカギになりそうです。

◇土曜星の生命リズムを生かして、堅実に蓄積し安定を築きましょう

易
日
年
月

＊日数11（甲戌）の根の性質

日数11の人の種子・天性は金曜星です。正義感が強く率直で威勢が良いわりに、優しい性質で争いを嫌い円満に収めようとします。やりがいや生きがいを大事にしますが、面倒な関わりになるとあきらめが早く深追いしません。環境に恵まれて、楽で平穏な生活に安住するとわがままな面が出そうです。人当たりが良く気さくで交際も広がりますが、安心して油断すると親しみ信頼していた人たちに背かれたり、理不尽な要求をされて悲しい思いをすることがありそうです。来るもの拒まずという受け身の姿勢では、親しく見えても表面的な付き合いになり、大切な人を留めておけず、本当の安らぎが遠ざかる心配があります。

必要以上に深入りせず面倒ごとを避けるため、対人面で強い絆が生まれにくいのです。特別な思いを感じたら、熱意や強い意志を示すことが必要で、一歩踏み込んで交流を深め、良い時も悪い時も助け合う関係を築きましょう。

真の友情や愛情が通い合い、つらい時苦しい時がきても強い味方がいれば必ず乗り越えることができます。そして大切なものを守る気持ちが強くなると、本来の優しさに粘り強さも加わり安定します。どんな時も支え合う家族のように心から信頼できる強い味方がいれば、困難を乗り越えて幸福な生活をつくり持続することができるでしょう。

◇金曜星の生命リズムを生かして、温かく幸福な生活を築きましょう。

＊日数12（乙亥）の根の性質

日数12の人の種子・天性は金曜星です。情熱も意欲も旺盛で、負けん気が強く率直なことばで勢いがありますが、内面は純情で臆病なくらいです。周囲の人に対する思いやりがあり、守る意識が強く、理解が深まると慕われ信頼されます。

人に気を使い譲る気持ちが強く、先走ってやり過ぎて損をすることがあり、自分本位に考えて、時にはわがままと思われる行動をすることも注意が必要です。

人に対して親切心で行動していても、せっかちな仕切り屋に見えることがあり、思いがすれ違うと孤独を感じてしまう寂しがり屋な面があります。

短気で性急な行動や思い込みに注意し、一旦止まって状況をよく見てから動くことが大切です。本来は謙虚で素直な優しい性質で、環境に順応しようとひたむきに頑張ります。でも心配症で不安を感じる感性が強く、小さな失敗を悔んであきらめてしまったり引いてしまい、少々粘りが足りません。また感情的な発言で思いが伝わらず、誤解されて哀しい思いをすることも心配です。自分が幸せになるためには強がりを言わず、大切と思う人には素直に本心の思いを伝える勇気をもちましょう。幸せになることを恐れず、楽を望むことに罪悪感を持たず、肩の力を抜いて自然体でいれば、そのまま人に支持されて発展します。

穏やかな幸せをつかむ素質を生かし、豊かな安定した生活を目指しましょう。

◇金曜星の生命リズムを生かして、安定した幸せな生活を築きましょう。

易
日
年
月

*日数13（丙子）の根の性質

日数13の人の種子・天性は金曜星です。夢や願いに向かって精力的に行動し、多くの人と交流して人脈を広げ、時流に乗って勢いをつかむパワフルな人です。

今できる事を着実に成功させて、その喜びを励みに一層意欲を高めます。

必要なら単調で緻密な作業もこなし、知識欲も旺盛で多くの情報を持つ物知りですが、表面的な理解で満足して広く浅くなりそうです。好奇心や興味を広げ過ぎると、転々と気移りして安易に楽な道を選ぶようになり、せっかくの強い発展力を生かせないでしょう。もし一つを掘り下げて深めることができれば、相当な実力者になれる素質があります。

自分の夢や目標が身近の人たちの願いになれば、皆の喜びをやりがいにして、根気や粘りを磨いて頑張れるでしょう。

心に強く願いを根付かせることで、大きな成功や喜びをつかむ優れた能力が生きてきます。根気と持続力を磨くために、周囲と喜びを共有するような生き方を目指すと、人に恵まれて大きな成功を引き寄せることができます。でも内面はクールで本音が出せず、用心深くて引っ込み思案でもあり、華やかな外見とは違う自分がいます。安らぐために一人になるのでは寂しい人生になります。仲間やパートナーと思いを共有して信頼を築くことができれば、経済的にも精神的にも安定した幸せな生活を築けるでしょう。

◇金曜星の生命リズムを生かして、明るく恵まれた生活を築きましょう

＊日数14（丁丑）の根の性質

日数14の人の種子・天性は金曜星です。負けん気は強いですが、性質は温和で優しく、細かいことにこだわらず大雑把でのんきにも見えます。秘かに夢や憧れを抱き、直感ややひらめきを大事に進む道を選び、のんびりしているようで一度動き出せば着実に前進する力があります。半面無理を嫌い、行き詰まると潔く切り替えてしまいそうです。良い意味で執着できるやりがいや目的を見つけると、眠っている発展の意欲が引き出されるでしょう。

面倒な関わりは苦手で束縛を嫌いマイペースに動きますが、一度興味や関心を持つと、刺激を受けて知性が覚醒し、思わぬ才能を発揮することがあります。始めての体験や、見たい知りたいという好奇心は、発見や改革のひらめきが生まれるカギです。

夢の実現のために根気よく資格や技能を取得して実力を磨くと、存在感や影響力が増して頭角を現すでしょう。中途半端な知識や経験のまま、安易に実行すると、実を結ばずに低迷して信用も失います。思いを実現するためには、知識を学び心身を鍛えて確かな実力を磨くことが大切です。

成功するために必要なのは、自分の欲より身近の人たちが悦び望むことに、自分の能力を生かし実力を発揮することです。自然に道が開き大きな発展の機会にも恵まれるでしょう。新たな道を開くパワーと、開いた道に光を当てて人を導く素質があります。

◇金曜星の生命リズムを生かし、果敢に道を開き喜びと安定を目指しましょう。

*日数15（戊寅）の根の性質

日数15の人の種子・天性は金曜星です。明朗快活で好感度が高く、多くの友人に恵まれるでしょう。直観力に優れ状況をいち早く察知し、変化への適応力も優れています。好奇心旺盛で新しいものに興味を持ち、斬新な考えにも共感して流行を読む感性があります。

旺盛な興味を広げ過ぎず、強い目的意識を育て的を絞ると行動も的確になり、発展のために必要な人に出会う可能性が広がります。

伸び伸びとした環境を好み、束縛や不公平にはストレスを感じるでしょう。ことばも率直で飾らず信頼感がありますが、ストレート過ぎることばや、自分本位に好き嫌いを判断すると、いたずらに敵対する人を作り面倒なことになります。また自由奔放に動きすぎて細かなことに手抜かりが生まれ、停滞することにもなります。人を惹きつける魅力があり面倒見もよいために交流が広がりますが、来るもの拒まずのスタイルでは本当の信頼関係が生まれません。

真剣な目標や夢を語り合い、時には暴走をセーブする忠告や、率直に苦言を言ってくれる人を見極めましょう。楽しく良い時だけの交際では、共に未来を歩ける人か見分けることはできません。弱点を補い合える信頼できるパートナーや仲間との存在は、発展と成功のためにとても大切です。

仲間思いで節度も謙虚さもあり、良い人と深い絆を育てることができれば大きな発展をつかむ素質があります。

◇金曜星の生命リズムを生かし、良い人と交わり発展していきましょう。

＊日数16（己卯）の根の性質

日数16の人の種子・天性は金曜星です。大らかで明朗快活、発想が豊かで興味の幅も広く、夢や願いに向かい意欲的に行動します。交際範囲は幅広く、率直で明朗なため好感度が高い性質です。でも自由な発想でマイペースに行動し、深刻な話や面倒な関わりは苦手でしょう。

手を広げ過ぎて的を絞り切れずに機会を逃がし、思いつきで性急に行動して行き詰まることもありそうです。孤独を嫌う寂しがり屋で仲間や友と過ごすことが好きですが、束縛や指図されることを嫌うので、わがままな人と思われることがあります。また自由奔放で天真爛漫なので、悪気なくストレートな言い方をして損をすることもありそうです。

興味を持つと気軽に行動し、何事にもアクションが早いのですが、執着して深めることは少なく、経験は広く浅くなりがちです。それでも情報通で知識も広いため話題は豊富で話も上手ですが、自分の話に夢中になりいつの間にか自慢話になりやすい所は注意が必要です。時にはじっくりとそして謙虚に人の話を聞くことが大切でしょう。

旺盛な好奇心で時流を先取りするセンスがあり、新たな分野を切り開く力もありますが、熱しやすく冷めやすいために、詰めが甘くなり中途半端にやめてしまう傾向があります。先を見る目という優れた長所を生かすために、根気と持続力を鍛え、結果を出す執着心を磨き夢を実現しましょう。

◇金曜星の生命リズムを生かして、夢や願いを実現し結果を出しましょう。

*日数17（庚辰）の根の性質

日数17の人の種子・天性は金曜星です。明るく爽やかですがプライドが高く、強気で威勢が良いわりに繊細で傷つきやすく、また弱い者に同情する優しさと、弱さを嫌う矛盾した心があります。冒険心や好奇心は旺盛ですが、優劣を競い合うことは苦手です。望むのは生き方に共感して信頼できる人と共に歩む人生でしょう。理想の大小より、理想に向かい頑張る人に共感して心が安定し、共に進む中で献身的に尽くす喜びを感じます。

お人好しにも見えますが、好き嫌いははっきりしており、嫌いな人には本心を見せず冷たいくらいでしょう。共通の目標や意識を持つ仲間やパートナーができると、伸び伸びと存在感を発揮しレベルアップしていきます。自分に見合う努力を続けて実力が認められ、信じ合える関係を長く大切にすると成功へ導かれるでしょう。

強気で虚勢を張り無理をすると苦しくなります。安易に気移りすると不安定な人生になりますが、好奇心が旺盛なので感化を受けやすい危うさもあります。優れた感受性と冷静に人を見る目を生かし、誤りは潔く修正することが大切です。安定するためには、早い時期に知識や社会秩序を学習し、目標や願いを育てて心から共感できる人たちと交流しましょう。

一方通行ではない信頼関係を築き、信じ合える人と共に頑張ることで安定し、強い心と根気も磨かれ、安定した幸せをつかめるでしょう。

◇金曜星の生命グラフを生かして、共感と信頼を土台に安定を築きましょう。

＊日数18（辛巳）の根の性質

日数18の人の種子・天性は金曜星です。心の中に未知の世界や冒険へのあこがれがありますが、実際に行動してのめり込むことは少ないでしょう。旅を楽しんだり読書や映画などで知識を吸収したり、展覧会へ足を運ぶなどその世界に触れることで楽しみます。束縛や制約をすることはなく、守るべき人や好きになった人にはさりげなく尽くす誠実でけな気な性質です。

安心して馴染む人には特に柔順で、精神的に依存して自分の考えを主張することが少なくなり、長いものに巻かれてしまう傾向があります。自制心が強く日常では臆病なくらい自分を主張しませんが、不信感や不満が溜まると感情的で攻撃的になります。寂しさや孤独を感じることが原因ですが、それは感情が豊かなためで、小さな嫉妬心の表れであることも自覚しましょう。

誠実で忠実な性質は長く付き合うほどに理解され信頼されます。そして親しい関係になっても節度を心がけることで心を穏やかに保とうとします。長い時間かけて築いた信頼関係は安心して信じることが大切で、傷つくことを恐れず自分の思いを率直に示すことも必要です。

好奇心や創造力を具体的に表現し、素朴で豊かな感情を素直に表すことができると、仕事の発展や安定した私生活に導かれます。そして心が通じる人と寄り添い暮らすだけで幸せと思うでしょう。

◇金曜星の生命リズムを生かして、楽しく安定した人生を築きましょう。

易
日
年
月

*日数19（壬午）の根の性質

日数19の人の種子・天性は金曜星です。気さくで来るものを拒まず大らかに親しみ、交流も幅広く豊かな交友関係ができるでしょう。人が集まり楽しく親しむことは喜びですが、心を許して通じ合える人は案外少ないものです。良い時だけの付き合いで厳しい時に離れてしまうようでは、いざという時に頼りになりません。

頑張る人を助け才能のある人を応援することは、頼られ慕われる美点ですが、相手に誠実さがないと苦しい時に寂しい思いをします。力量をオーバーして良い格好をすることは禁物です。お人好しに注意して力量に見合う堅実な収支のバランスを整え、良い時にしっかり蓄積をして安定を保ちましょう。取り巻きは多くても頼りにならない人ばかりでは困ります。成功している時ほど有頂天を戒め、あえて苦言や忠告をする人を大切にしましょう。

頼られると気分がよく自信にもなりますが、発展し安定するためには対等の関係を作ることを心がけ、謙虚に頼れる人や公正な相談相手をもちましょう。

親しみ和むだけでなく、困難な状況を共に乗り越える信頼関係を築くことが安定のために大切です。花畑には蜜を求めてハチやチョウが群がります。美しい花は多くの人の注目を集めますが、花が枯れて皆が遠ざかる時に残る人は、共に厳しい冬を越える大事な人です。人もお金も日々の積み重ねの成果と考えましょう。

◇金曜星の生命リズムを生かし、人を見極め幸せと安定を築きましょう。

＊日数20（癸未）の根の性質

日数20の人の種子・天性は金曜星です。大らかな社交性を発揮して、交友関係が広がります。温和で如才がなく、和やかな雰囲気を作るムードメーカーですが、指図や束縛されるのが嫌いで、気楽な傍観者の立場や中立を好むでしょう。呑気で責任を負う面倒な事や深刻なことを避け、苦手なことは人に頼りがちです。依存心や楽に流れる傾向が強くなると、信用を失う心配があります。幸せを望み恵まれた環境を得るには、遊びや消費で人生を浪費せず、良い人の縁を大切にして長く持続し信頼を育てましょう。

長く付き合えば誠実で明るく穏やかな長所が発揮されて、恵まれた生活と安定を築けます。感性が豊かで直観力も優れていますので、素直に興味を追求して得意なことを持ちましょう。夢中に取り組める趣味を持つことも、良い人の縁が広がる可能性が高まります。また好きなことを深めることで内面が磨かれていきます。豊かな社交性の中に知識や技能が加われば一層魅力が増して、優れた有能な人と巡り合うチャンスが広がります。楽に流れることは低きに流れる事と思い、自分磨きに励みましょう。

明るく温和で人を楽しませ和ませる性質は最大の美点です。良いパートナーに巡り合い、長所を生かして穏やかで平和な人生を築きましょう。

◇金曜星の生命リズムを生かし、自分を磨き幸せな人生を全うしましょう。

＊日数21（甲申）の根の性質

日数21の人の種子・天性は火曜星です。外見は明るく勝ち気ですが内面は内気で柔順です。

他人に見せる顔と内面のギャップに葛藤し、弱点を見せないよう気を張るので、身近の人にも率直に振る舞えない苛立ちを抱えそうです。理由は嫁と小姑が反目するようなたわいもないことが多く、共通の敵に対しては一致協力することができます。他から見れば笑えるようなことですが、そこに利害が絡む時は注意が必要です。

心は争いを嫌い柔順で家庭的ですが、対抗心や負けん気に火が付くと関係が悪化して厄介なことになります。本来の活発さや勝ち気さを、内部的な自分の役割に見出すと、やるべきことが明確になります。手の届く範囲で日常の仕事を着実に成し遂げて、確かな信頼と深い安定を得られるでしょう。

外でバリバリ働くより、家庭を中心にした生活が似合い、現実的でない夢や願望を抱くと心の葛藤を深めるでしょう。大事業よりは小事業に成功運があり、発展のカギは身近にあります。平穏な生活を基盤に守るべきものを見出すことは、活気ある生活と心の安らぎを調和させる良い方法です。人の世は対立や矛盾した関係にあるものなので、互いに違いをわかり合う努力が人の英知を育みます。そして穏やかな幸福を築くことはとてもやりがいのある事業です

◇火曜星の生命リズムを生かし、大らかに役割を全うし幸福な人生を築きましょう。

＊日数22（乙酉）の根の性質

日数22の人の種子・天性は火曜星です。温和で穏やかなムードがあり、秩序や習慣を守り几帳面に決められた役割を誠実にこなします。安定感はありますが、必要な時にも自分の主張ができず、不安や不満を溜めてしまいそうです。安定した状況になじむと益々生活が単調になり時には惰性的にも見えます。ことばは思いを伝える大切なアイテムですが、勇気を出して主張しても遠まわしになり、なかなか伝わらないこともありそうです。

内面に不満やストレスを溜めないよう、構えずに素直なことばで表現する勇気を持ちましょう。穏やかで協調性もあり、友達を大切にして交友関係も良好ですが、利害が絡む関係では臆病になってしまいそうです。

知識や技能を磨き心に刺激を吸収して得意分野を持ち、存在感や影響力を強化しましょう。

日数22の人はマイナス思考に陥りやすい傾向があり、謙虚さが遠慮になり、控えめが優柔不断に表れてしまうと弱点になります。優しく柔軟でも、そよ風のような強さを持つことができます。

日常のマンネリ化を打破して上昇意欲を育て、争わずぶつからず、それでもすり抜けて目的地にたどり着くそよ風になるには、強い目的意識と達成意欲が不可欠です。

強い心で自分を高め、穏やかで温かな安住の地にたどり着く素質を生かしましょう。

◇火曜星の生命リズムを生かし、穏やかで平穏な人生を築きましょう。

*日数23（丙戌）の根の性質

日数23の人の種子・天性は火曜星です。多くは地味で堅実に自分の道を歩く火曜星ですが23の人は現状を切り開き改革する実行力があります。基本は常識を大事に世の中の秩序に随い行動するため、大きな失敗もなく安定していくでしょう。

若い時は夢や希望に突き動かされますが、多くの人は実行することもなく夢のまま終わるのが現実です。でもあなたは決めたことは必ず実行する道を探り、現実に見合うように計画を縮小し変更しても実行するでしょう。また堅実で日常の責任を全うする誠実さがあるので、実現のために周囲が協力や支援を惜しまないでしょう。

大きな野心があるのではなく、オーロラが見たい、野生のライオンが見たい、大草原を馬で走ってみたい、本場のジャズを聴きたいなど結構素朴な夢なのです。内面には小心で保守的な考え方があり、周囲を巻き込むような無謀な冒険には積極的になれません。

守るべきものがあれば一層その傾向が強まり、環境の中で改革に励み、できる事を成し遂げて満足します。有閑マダムにもならず、堅実で地味な中にも温かく人間味のある生活を築くので結構家庭的です。半面、主義や信条を守ることには頑固で融通が利かず、周囲が困ることもあります。

◇火曜星の生命リズムを生かし、堅実な安定した人生を築きましょう

大らかに堅実に心が安らぐ生活を築いていきましょう。

＊日数24（丁亥）の根の性質

日数24の人の種子・天性は火曜星です。人に対して公平平等で弱者を労わり謙虚で思いやりがあります。お金よりやりがいを大切にしてひたむきに頑張る姿は崇高な位ですが、思い込みが強く一本気な点は注意が必要です。

不安を感知する直感が鋭く、警戒心から先走って行動するため、周囲にその思いが伝わらず寂しい思いもしそうです。人任せにせず労をいとわず率先して行動しますが、多くを抱え込んで疲労困ぱいする心配があります。

時には人を信頼し頼る気持ちが大切です。外に対しては穏やかで包容力があり、好感度が高く人望もありますが、内面には激しさを秘めています。報われない思いや理不尽な状況に対して怒りを爆発させると、築いた土台を自分で壊してしまいます。短気は損気と戒めて、一呼吸おいて感情を抑え冷静に行動することが守りになるでしょう。人情味がありますが、情に流れてやり過ぎると、犠牲が多くなり身内の不満が膨らみます。自分の思いと身近の人の願いが食い違うことのないよう、静かに語り合う時間をもちましょう。心が通い理解し合うことは、心の安定を持続するためにとても有益です。

自分の思いに没頭して周囲の気持ちに疎くならないよう、変化を察知して修正する柔軟さを磨き、温かな安らぎのある生活を目指しましょう。

◇火曜星の生命リズムを生かし、温かな安らぎの人生を築きましょう。

＊日数25（戊子）の根の性質

日数25の人の種子・天性は火曜星です。堅実で勤勉な火曜星の中でも、日数25の人は大きな発展への力を秘めています。強い根の勢いも続く幹や枝葉の勢いが弱いと、勢いが強い分大きなジレンマに陥る可能性があります。

心が望む願いや発展への意欲を伸ばしきれない時は、心の中にこもるエネルギーの発散に苦しむでしょう。根と幹と枝葉のバランスを知ることは、勢いの強い根を適切に生かす良い方法です。順調に伸びていくためには、本来の勤勉さや根気を生かして、今できる事を確実に実行していくことが大切です。明るく苦労や困難を乗り越える力を磨き、幹にその力を伝えるように地道に努力しましょう。

素質は時の経過に応じて変化していきますが、決断や選択の時には癖のように頭をもたげて影響する根強い性質です。寛容さや人を慈しむ徳や、社会のために貢献する意識は、成功を後押しする大きな力です。生かす場が小さくても大きくても、関わる場に応じて良い人を引き寄せ、互いに敬い合う豊かな人間関係を築けるのです。強い発展の力を目覚めさせ、努力に見合う繁栄と幸福を獲得しましょう。年や月に宿る幹や枝葉の素質は、根の勢いが滲みていくことで変化していきます。

恵まれた素質を明るく鍛え伸ばして、願う充実した生活を築きましょう。

◇火曜星の生命リズムを生かし、恵まれた素質を生かし活躍しましょう。

＊日数26（己丑）の根の性質

日数26の人の種子・天性は火曜星です。根性と粘り強さを長所とする火曜星ですが、26の人は内面に発展の意欲が強く、夢やロマンを抱えています。頑固でマイペースですが、黙々と実行してやり遂げる冷静さと根気があります。でも満たされ過ぎる環境では自制心が希薄になり、根気が続かず中途半端に終わって満足も喜びも味わえません。逆に辛抱や我慢ばかりでは気が沈んで、妬みや羨望など陰気な心が生まれます。いずれの状況でも、持って生まれた長所を引き出していつでも人生を修正できます。

願えばかなう境遇では、あえて期限や制約を設けて我慢してみることです。待つ間に無用な欲求に気付き本心の願いを知るでしょう。また困難な環境で、要求も願いもかなわない状況なら、願いや目標を明確にして到達する熱意を一層強くもちましょう。

持ち前の粘り強さや負けん気を引き出して、その道に一歩でも近づく気力が出ます。あなたの強い思いや頑張りは、周囲の人の目に留まる輝きがあり、出会いやチャンスを引き寄せます。そして必要な知識や教養を身に付けようとする具体的な行動に発展するでしょう。

強くプラスの意識を保ち続けることで自然に良い結果が生まれ、小さな喜びを積み重ねた先に、朝日が昇るように望む環境が創られます。

強い思いを実現するタフな素質を生かしましょう。

◇火曜星の生命リズムを生かし、粘り強く願いを実現していきましょう。

易
日
年
月

*日数27（庚寅）の根の性質

日数27の人の種子・天性は火曜星です。堅実で粘り強い火曜星ですが27の人は表現が潔く歯切れもよいので、奔放でさばさばしたムードがあります。でも実際は慎重で用心深く、ルールや秩序を守り、利害を考えて害を受けないよう動く細心さがあり、外見ほど単純な見方はできません。

身内や仲間を大事にして面倒見もよく一見快活で太っ腹ですが、内心では好き嫌いの感情は激しく、簡単には他人に気を許しません。それだけ窮屈な状況や厳しい環境に逆らわず我慢も辛抱もしたのでしょう。力関係の強い者と争っても正攻法では勝てないことを世の中の秩序として受け入れ、礼儀や節度を守って生活することは、警戒心をプラスに生かす知恵なのです。逆に人生の問題を安易に決めて行動すると判断を誤り、内面の激しさを抑え切れない状況まで心を追い詰めることにもなります。また無理解の中で柔順さを逆手に取られるような生活はとても苦しく感じるでしょう。

一見、男性的で活発で明朗ですが、それは一面で、本来は守備範囲も広くなく、大きな期待を背負うことは負担に感じ、柔順柔軟に行動し、家庭的で穏やかな生活に安らぐでしょう。誠実な人や安心できる環境であれば、穏やかな優しさを存分に発揮し、明るく活発な個性を生かして安定と幸せを築けるでしょう。

◇火曜星の生命リズムを生かし、安定と安心に包まれた人生を築きましょう。

＊日数28（辛卯）の根の性質

日数28の人の種子・天性は火曜星です。勤勉で粘り強い火曜星ですが、日数28の人は発展の意欲が強く先走って安易に行動する傾向があり、若さの勢いのように、過信して慎重さや現実を見極める思慮分別に若干不安があります。

早く願いを実現したいという意欲や思いが強く、自分を奮い立たせて行動するため、特に若い時は自分の力を過信して動き、手痛い挫折を経験しそうです。若気の至りとはいえ失敗すると窮屈な環境になり、逆に悩みを深めるでしょう。

表面的には柔軟で温和なので、日常を淡々と過ごすことで良い習慣や安定感も生まれ、失敗から学び修正できれば有意義で良い事です。本来の勤勉さや実直さや凝り性が引き出されると、動く前に必要な知識や技能を身に付けることに関心が向き、実力が備わってきます。さらに社会の荒波を乗り越えるには礼儀や秩序を無視できません。孤軍奮闘やマイペースな動きは危ない目にあっても助けられず行き詰まる心配があります。

礼は神に祈る形を表し、祈りは命への感謝です。まず自分の命の尊さを知り、他の命の尊さを理解しましょう。やりたいことの前に冷静に考える分別が命を大切にすることにつながります。心身を鍛え磨いて到達した先には、平和で穏やかな生活や、平穏な家族との日常が待っているでしょう。

◇火曜星の生命リズムを生かし、平穏で温かな人生を築きましょう。

＊日数29（壬辰）の根の性質

日数29の人の種子・天性は火曜星です。忍耐力、根気、勤勉さなどは火曜星の長所ですが、日数29の人は生きがいや思いの実現に向かう時に、自然に長所を発揮して発展していきます。でもそれ以外には金銭や人に執着することもなく潔い性質です

プライドが高く私利私欲で動くことを嫌い、口の上手な人やうまい話は疑ってかかる慎重さがあります。半面、頼まれたら断れず、情に左右されて安易に金銭的な損失を被る心配があります。でも失敗をくよくよ悩むこともなく責任を果たすでしょう。豊かで恵まれている時は困りませんが、繁栄と衰退は繰り返すので、蓄積を失くすと人に頼ることができず、やせ我慢や見栄を張って苦しくなります。

月も満ちれば欠け、輝く太陽も深い闇に沈んでいくことを忘れず、良い時、豊かな時にこそ油断や慢心を戒めて、必要な蓄積に励むことが安定のために大切です。

また社会的な肩書や紹介者を信じて疑わない人の好さがあります。人を引きつけるパワーを悪用されないよう注意しましょう。

根の素質は地上の幹や枝葉に送ってこそ実ります。恵まれた素質を生かし、思いだけ拡大しないよう生活の基盤を安定させて、バランスのとれた安らぎのある生活を築きましょう。

◇火曜星の生命リズムを生かし、豊かで安定した人生を築きましょう。

＊日数30（癸巳）の根の性質

日数30の人の種子・天性は火曜星です。根気や忍耐力や勤勉さなど火曜星の長所を全て備えています。また逆に、強い思い込みや融通性のない頑固さや、強い執着心などの弱点もあります。

簡単に燃えないけれど火が付いたら容易に消えないところは一長一短あり、選択を誤ると実らない思いに悶々と悩みを深めそうです。

若い時に思いや理想に共感して結ばれると同志のような絆になり、波乱を乗り越えて長く続きます。でも多くは遅咲きの花と達観した方が安心で、焦らずじっくり思いに共感できる人や、人柄を尊敬できる人との出会いを待ちましょう。一途で献身的に尽くす人が多く、判断を誤ると簡単に軌道修正ができず苦しむことになります。人の出会いも仕事や趣味なども縁と思うことが大切で、悪縁は潔く断ち切りましょう。無駄を排除することが人生の大切な時間やお金や思いを浪費しない方法です。優しさや思いやりは十分備わっていますが、受け入れられない時は行き場を失った思いがさ迷ってしまいます。思いや志や生き方など何か一つ心が共感できれば、内面の情熱を生かしてやりがいのある人生になるでしょう。

深い信頼と共感があれば、持ち前の我慢強さや柔順さが長所となり、必要な時は果敢に決断して実行する強さが磨かれます。共に豊かで明るい未来を拓くために、協力し支え合う喜び多い生活を築けるでしょう。

◇火曜星の生命リズムを生かし、喜び多い未来を築きましょう。

*日数31（甲午）の根の性質

日数31の人の種子・天性は月曜星です。外見は明朗で面倒見が良く好感度が高いのですが、精神的にはナイーブで傷つきやすいもろさを秘めています。

日数31の人は、特に明朗活発で夢や意欲やプラス思考が強く、思い立つと即実行する行動力があります。でも計画性に欠けるため現実の困難に直面すると、あきらめが早く粘りが足りない点が惜しい所です。人当たりの良さや優しさや思いやりがあり、自分も不快な思いをすることを嫌い、無意識の守りにもなっています。本当は否定されると弱気になり、自尊心が傷つくと気が塞いでしまいそうです。一気にマイナス思考に陥ったり、現実逃避しやすいのですが、支える周囲に恵まれて深く悩むことはないでしょう。根に持たず行くも引くも潔よいのは美点ですが、逆に粘りや執着心を育む妨げにもなっています。

活動的で交際範囲も豊かなため、公私ともに若い時からの積み重ねは大きな信用になります。順調に願いや思いをかなえ活躍する場にも恵まれますが、自信がある時や恵まれている時ほど築いた土台を大切にしましょう。

慢心や過信で人の絆を壊し信用と安定を失うことは大きな損失です。何が何でも無理をしてやり遂げる執着心はなく、自然体でつかんだ安定した生活を大切にして、素朴で穏やかな生活に安らぎを見出すでしょう。

◇月曜星の生命リズムを生かし、素朴で豊かな幸せをつかみ守りましょう。

*日数32（乙未）の根の性質

日数32の人の種子・天性は月曜星です。明るく温和で人に対して柔軟に接しますが、活発さもあり好感度の高い性質です。加えて落ち着いた品格や威厳を感じさせます。呑気で楽天的な上のんびりとしていますが、情熱や夢があり、本当は柔順なようでマイペースを好み、柔軟なようで案外頑固です。でも人と競い合うことや争うことを避けたい気持ちを優先し、おかれた環境の中でやるべき自分の役割をきちんと果たすでしょう。そのギャップがストレスになるかもしれません。

意欲を具体的な資格や技能取得に向け、夢の実現のため教養や知性を養い、情熱や欲望を自分磨きに生かすことは、とても実益になる良い発散方法です。自分の価値を高める努力は、夢の実現に具体的な一歩となりますが、それ以上に豊かで安定した人生を築く上でとても役立ちます。もし本気で遠い夢を追いかけるなら相当の努力をして困難を乗り越え、さらに苦手な競い合いを克服することも必要です。精神的にはあまりタフとは言えず、そんな生活は心のバランスを崩してしまう心配があります。

本気で実現したい夢か、また本当に望むものなのか目標を絞り込み、どのような状況でも変わらぬ信念に昇格できれば、発展への意欲は力に変えられます。しかし無理なく現実に合う満足と穏やかな生活を求める方が幸せへの近道でしょう。

◇月曜星の生命リズムを生かして、満ち足りた平穏な生活を築きましょう。

*日数33（丙申）の根の性質

日数33の人の種子・天性は月曜星です。タフで行動的ですが周囲に気配りをする細心さがあります。自由で束縛のない生活を望む月曜星ですが、日数33の人は、組織や集団を作る力があり、研鑽して知識や技能を深めていくと、実績が積み上がると同時に人との関わりも広がり、結果的に発展する可能性が高まります。

面倒見がよく、仲間を思う意識も強く、自然にリーダー的素質が発揮されていきます。既存のものに安住せず、改革や失うことを恐れず自分のやり方を探求していきますが、自分自身は堅実に穏やかに自分の道を進んでいると思っています。

改革も、大事なものを喪失する経験も、生みの苦しみといえますが、その努力と辛抱の先には求める安定した生活が築かれます。何かを成し遂げる欲望はなくても、表現力が巧みで、人にアピールする求心力があります。人に信頼されて自然に人が集まるのでしょう。でも見かけほどに包容力がなく、大きな責任を抱え込むとストレスを感じてしまいます。周りにあおられず、常に分相応と等身大を心がけて努力を続けると、実力も向上し望む安定した状況が創られるでしょう。

謙虚に優れた人の話に耳を傾け、気がかりは素直に修正して心の平穏を保つことで、おごらず惑わず安定を持続できるでしょう。

◇月曜星の生命リズムを生かして、堅実で安定した生活を築きましょう。

＊日数34（丁酉）の根の性質

日数34の人の種子・天性は月曜星です。温和で思いやりがあり活動的で身軽ですが、干支数34の人は繊細で臨機応変の動きは苦手でしょう。

安心できる人や環境の中では、変化のない日常をアイデアや創意工夫して彩るセンスを発揮します。得意分野の技能や知識を磨き、実績を積むほどに実力を認められます。自分の役割に対して謙虚でひたむきに取り組み、規則的で変化のない生活に落ち着きと安らぎを感じて安定していきます。人間関係も初対面では気後れや緊張感が強くなり、なかなか本来の活発さを出せませんが、徐々に馴染んでいくことで信頼関係を築くでしょう。

公私にパートナーの存在が大切で、良い人に恵まれると、長所である柔順さや繊細な心配りが生かされ、日常にやりがいと喜びが生まれるでしょう。

結婚生活を心豊かに過ごす知恵がありますが、大家族や人の出入りが多い環境では、ストレスを溜めて行き詰まるかもしれません。柔軟なようで融通性に欠ける点は改善する努力が大切で、心が強く成長すると安定します。

人も仕事も長く持続するほどに、伸び伸びと活躍できるようになり、地味ですが着実にゴールへ到達して、深い喜びと満足を味わえます。素直に喜びを共有する人を求め、達成感を実感できる人生を築きましょう。

◇月曜星の生命リズムを生かし、喜び多い安定した人生を築きましょう。

*日数35（戊戌）の根の性質

日数35の人の種子・天性は月曜星です。公平で潔く、温和な性質は好感度が高く人間関係も良好で安定感があります。環境に恵まれて無理をしないでもそこそこに願いがかないますが、その分上昇意欲や競争心が希薄になりそうです。率直で飾らず思いやりもあり、謙虚で公平な見方をするため周囲に信頼されて頼りにされるでしょう。でも案外面倒なことが嫌いで、融通の利かないところがあり、もめごとや争い事に介入することは苦手です。

無難に円満にしていればたいていの問題は避けて通れますが、避けられない時は周囲の協力や助けが必要になります。苦労の時に助けられたことを忘れず、自分のできる事で、皆の助けになることは労を惜しまず行いましょう。名実ともに信頼と人望が備わり、自分自身の価値を高めます。無駄を嫌い節約家ですが捨てられないものも多く、整理して考えることが苦手なようです。柔軟で穏やかな半面、思い込みをして融通が利かず、我を通して反発すると相手の理屈に負けてしまうでしょう。

平穏で安定した人生を保つために、状況の変化に応じて消極的でも努力をしていれば十分で、穏便に対処する能力を自覚して生かしましょう。

安易な方向へ流されず、目標を明確にして上昇する意識を高めると、確かな道筋に向かい道が開けてきます。

◇月曜星の生命リズムを生かし、穏やかで安定した人生を築きましょう。

＊日数36（己亥）の根の性質

日数36の人の種子・天性は月曜星です。思いやりがあり人間味豊かで正義感があり、誠実に責任を果たしますが、先を心配し些細なことに不安を持ってしまうところがあります。思い込みが強く、心配が高じて短気を起こし先走って行動すると、理解されず面倒な人と思われるでしょう。心がすれ違う寂しさは、不安が増して悲観的な考え方に陥りそうです。

権力や財力を高望みすることもなく、愛情に満たされた安心できる環境を望み公平ですが、警戒心が強く苦手な人には愛想が悪くなるため、周囲からは身内びいきやえこひいきと誤解されるかもしれません。一生懸命尽くした人からも敬遠されるようなムードを感じると、思いが純粋なだけに深く傷つくでしょう。

疎外感や孤独感は道を誤る最も大きな原因になります。短気は損気と心に刻み、感情をコントロールすることが改善の課題です。

信頼できる仲間や家族など率直に話ができる良い理解者はとても大切です。身近に心情を理解する人がいれば、守る気持ちが強くなり感情的な行動を抑制して安定していくでしょう。

愛情に恵まれて心が通い合えば、若い時に所帯を持つことも良い事です。安心できる環境で、純粋で高い志を変わらず保ち続け、安定した豊かな日常を築きましょう。

◇月曜星の生命リズムを生かし、思いを実現し持続して安定しましょう。

易
日
年
月

＊日数37（庚子）の根の性質

日数37の人の種子・天性は月曜星です。37の人は思いやりや優しさを素直に表現できず、逆に否定的で悲観的なことばが出そうです。

本質は柔軟で謙虚な優しい性質で、華やかさや楽しさを望む気持ちも人並みにありますが、華美に対する罪悪感を感じて素直に感情を出せないようです。厳しさを出す前に熟慮するくせをつけると、自然に前向きなことばを選べるようになります。反応して即発言したり行動することは、失敗することの方が多いでしょう。

私利私欲も少なく、謙虚で誠実なのですが、急いで強引に進めると、功を焦るように思われ損をします。難しい問題や協力が必要なことは、丁寧に慎重に、そして根気よく進めていくと理解が深まり、良い流れができてスムーズに話が進みます。無駄に抵抗や反発をうけて、自尊心が傷つかないためにも、優しく穏やかな表現を心がけるだけで、思いや願いが素直に通じていくでしょう。謙虚で清潔感があり、真面目で堅実ですが、常識的で競い合うことは好まず、素直に望みを出せず消極的なために進路を狭めてしまいそうです。

自分の状況に見合う安らぎと相応の夢を育て、無理をしないことが大切で、実績を積み重ねる中でステップアップしていきます。

素直に着実に本心の願いを満たす心豊かな生活を目指しましょう。

◇月曜星の生命リズムを生かし、問題を解決し平穏な生活を築きましょう。

＊日数38（辛丑）の根の性質

日数38の人の種子・天性は月曜星です。思いやりがあり人情に厚い月曜星ですが、日数38の人は着実に成し遂げる責任感が備わります。行動する時は強引で意志が強い人に見えますが、それは必要に応じて頑張っている姿です。率先して動くことは少なく、受け身的で環境に柔順で、置かれている状況に応じ、関わる人のために一生懸命行動すると、積極的で強気に見えるのでしょう。

攻撃的な相手は苦手ですが、立場に応じて無関心を装ったり、受け流したりして争いに発展しないように注意します。のんきで鈍感なようで直観力があり、家族や関係者を守る意識が強いため警戒心を働かせるでしょう。日常の自分の役割を担う責任感があり、立場に応じて地道に努力をするため、着実に実績を積み上げて信用を築いていきます。もし功績を焦り、強引に突き進むようなら周囲に反感をもたれてうまくいかないことが多いでしょう。

無理な動きをした時は素直に謝罪して潔く引くことが大切です。あらかじめ準備して周囲が納得できる時機を見て動けば順調に進展します。予想外の出来事を受け入れる包容力があり、冷静に対処できるでしょう。

信頼できる人の忠告を聞き、素直に順応していけば、実力も向上し徐々に頭角を現していきます。静かに伸びて大きな木に成長しましょう。

◇月曜星の生命リズムを生かし、柔軟に静かに願いに向かいましょう。

易
日
年
月

*日数39（壬寅）の根の性質

日数39の人の種子・天性は月曜星です。人情味と思いやりに溢れる月曜星ですが、日数39の人は一本気なため、融通が利かず生真面目で損をすることもありそうです。

外見は明朗活発で覇気がありますが、柔軟そうに見えて臨機応変に切り替えられない不器用さがあります。でも公平で思慮分別があり、仲間意識も強く、集団の中では秩序を大事に行動するため、安心感があります。

仕事や役割に対してやり遂げる責任感があり信頼されます。人に媚びることや権力にへつらうことを嫌い、場違いと感じれば自ら引いてしまいます。正義感が強く、理不尽な扱いは他人事でも我慢が出来ない直情的な面があり、例え大事にならなくても短気を起こせば損をする方が多いでしょう。責任が増すほどに守るものが増えてくるものです。

争いに発展しないよう、折り合いをつけることも必要で、立場に応じて状況や時が好転する時を待つことが賢明です。支えてくれる家族や仲間は守る者でもあり未来への望みや思いも、すべてが我慢や辛抱を支える防波堤になります。

無理をして抱え込み意地を張ると精神的に参ってしまいます。心が通い信じられる人と共に、優しく和やかな日常があれば、心をリフレッシュして頑張れるでしょう。

最終的に制約の少ないシンプルな環境を望みそうです。

◇月曜星の生命リズムを生かし、守るものを大切に穏やかな人生を築きましょう。

＊日数40（癸卯）の根の性質

日数40の人の種子・天性は月曜星です。人情味があり思いやりがある月曜星ですが、お人好しが過ぎると自ら困難な状況を招いてしまいます。一生懸命前向きに淡々と働きますが、計画的に行動することや、蓄積することが不得手な人が多いのです。生活もワンパターンになりがちですが、堅実で素朴な日常は平和で安心できるでしょう。

人生には時には日常と違う彩りが必要ですが、友や仲間や家族との温かな交流や安らぎに勝る喜びを追い求めることは危険な兆候です。穏やかな見かけほどに融通が利かず、新たな遊びや楽しみを覚えると、のめり込んでしまう心配があります。なにごとにもひたむきで器用に幅を広げることができないのです。余裕の中で楽しみを見出すことは良い事ですが、人に惑わされてしまうと人が好いだけに断れず、堅実な日常を壊してしまう心配があります。

もともと楽しいことが好きで、和やかに笑い語り合うことは悦びです。でも目先の楽しみや願いが苦労なくかなえられる時ほど、慎重になる必要があります。

余裕がある時に蓄積に励み、先を読んで警戒心を持つことが身を守ります。

寒く厳しい冬がきてから気づいて困窮しないよう、守るべきものを忘れず温かな日常を大切に、豊かで平和な生活を築き安定を目指しましょう。

◇月曜星の生命リズムを生かし、温かく平和な生活を築き守りましょう。

＊日数41（甲辰）の根の性質

日数41の人の種子・天性は木曜星です。地味ですが着実に実績を積み重ねて、最終的に夢を実現する遅咲きの木曜星ですが、日数41の人は上昇意欲と負けん気があり、若い時から活躍しそうです。でもあまり早く願いを実現すると上昇意欲が続かず、中途半端に落ち着いてしまいます。また同様に早くに注目されることは、慢心や油断が生じて大きな失敗や挫折の苦労を経験しそうです。しかし苦労の経験は、本来の慎重さや我慢強さを目覚めさせて、以後の人生を堅実に安定させていくでしょう。

感受性が豊かで、優れた人や技に惹かれ、目標が絞り込まれてきます。若い時に厳しい鍛錬や時間がかかる勉強や資格に挑戦することは、内面を鍛え磨く良い機会になります。

安易に到達点を定めず、環境の中でよい刺激を受けながら、適性を探り着実に実力を磨いていきましょう。外見の華やかさに憧れて選択すると、自分を見失い幸せを遠ざけることもあり得ます。

早くに願う世界へ到達しても、安定の中でさらに向上心を保ち続けましょう。

若いうちに安住して惰性的な生活になるより、意欲を持続してさらに着実に能力を高めていくことで、充実した豊かな生活を築けます。到達点や限界を設けず、流れに順応して、焦らず無理せず思いを持続して未知の喜びに到達しましょう。

◇木曜星の生命リズムを生かし、探求心を持続して充実した人生を築きましょう。

*日数42（乙巳）の根の性質

日数42の人の種子・天性は木曜星です。環境に順応して着実に実力を磨き、歳を重ねるほどに落ち着きと安定が生まれる遅咲きの木曜星ですが、日数42の人は上昇意欲が強く、早く芽が出て段々収まる傾向があります。

活発そうに見えて引っ込み思案で受け身的ですが、環境や人に恵まれて早くに抜擢されて活躍することがあります。若い時に願いがかなうと逆に長続きしにくいでしょう。

元々目立つことに臆病で、人間関係や様々な問題で葛藤して不満や怒りを溜める心配があります。感情的に行動すると損失も多く道を誤ります。無理せず長く続けることを意識して着実に進みましょう。

謙虚で思いやりがあり温和な性質が素直に発揮できると、自分に合う環境や理解し合える人を間違えずに選べます。心を素直に出して長所を発揮しましょう。半面、平穏で刺激のない生活に安住すると、発展の意欲が希薄になり依存心が強くなりそうです。多くを望まず環境の中で誠実に努力すれば、人に好かれ助けられて生活に困ることはありません。

向上心を保ち好きなことを長く続けていくことは、晩年の生活を豊かに彩り、充実した人生になる道筋です。若い時から能力を磨き一芸や技能を習得していけば、一層の安定と豊かさを築くことができるでしょう。

◇木曜星の生命リズムを生かし、しなやかで充実した人生を築きましょう。

*日数43（丙午）の根の性質

日数43の人の種子・天性は木曜星です。明るく活発で行動力があり、その勢いの激しさ潔さに周囲が圧倒されそうです。皆が望むことを共有して進む時は、強いリーダーシップを発揮して、実現する力を出せるでしょう。

困難な状況でもくじけず落ち込まず、耐えしのぶ我慢より、乗り切るために一生懸命働きます。金銭感覚は鋭く、投資のセンスや商才もありますが、独り善がりに行動して共感を得られないと、やり遂げても報われない悲しい結果になります。情熱や発展の願いが皆のためでも、よく話し合い理解されて行動することが大切です。

逆境の中で華やかさや豊かさへのあこがれが強くなると、思いが低きに流れて人生を誤る心配があります。様々な欲望への執着は、外見を飾り浪費傾向を強めるでしょう。でも前向きに上昇を目指して公明正大であれば、理解者にも恵まれて順調に発展していきます。苦しい時は率先して耐えて変わらない姿勢を保ち、関わる人や仲間と思いを共有して乗り越えていけば、必ずやり遂げる実行力があります。そして心を鍛え包容力を磨いて精神的な高みを目指しましょう。好きなことや好きな人のためであれば、困難を克服する力と勇気は倍増します。

激しさ強さが苦労を生みますが、最終的に信頼と共感に包まれて安定した生活に安らぎを感じるでしょう。

◇木曜星の生命リズムを生かし、果敢にそして柔軟に安定を築きましょう。

＊日数44（丁未）の根の性質

日数44の人の種子・天性は木曜星です。堅実で着実に実力を積み重ねて安定していく木曜星ですが、日数44の人は直観的に行動して、人を信じて流されやすい面があり、若い時は失敗や苦労をしそうです。でも苦しんだことや傷ついたことは、無駄ではありません。なぜ人は苦しむのかということは、人生を強く生きるために超えなければならない課題です。

根源を突き止める気持ちで悩みと向き合えば、自然に学びの道が開けてきます。

人と争わず温和で控えめですが、内面に誇りや自信があり、純粋な思いほど感情に動かされやすいのです。

失敗の経験は安易に信じない用心深さや警戒心を育てます。その分慎重になり優柔不断に見えますが、人の目を気にせず達観して自分のペースで考えることが失敗を防ぎます。失敗が大きなダメージにならないよう、人を見る目を養い、クールにじっくりと観察していくことが大切で、自然に人の思いの深さや本心に気付けます。

穏やかに無難な選択もできますが、感情豊かな経験には悦びがあります。苦労の経験を生かして多くを望まず、必要な人を照らし温める灯りとなることは幸せの道です。

生みの苦しみから様々な気付きがあり新たな道も開けますが、最終的に穏やかな安定した生活に到達できるでしょう。

◇木曜星の生命リズムを生かし、苦労を乗り越えて安定を築きましょう。

易
日
年
月

＊日数45（戊申）の根の性質

日数45の人の種子・天性は木曜星です。堅実で着実に実力を積み重ねて安定していく木曜星の長所を備えています。機転が利き気配り上手で面倒見がよく社交性もあります。さらに雄弁で説得力があり、多才で器用なため周囲に頼られ重宝がられるでしょう。また逆に自分の考えに固執して人の意見を聞かず、頑固でこだわりが強い短所もあります。

若い時は目立たず地味な方ですが、確実に結果を出していく責任感や実行力があり、徐々に力を認められて頭角を現していきます。早く注目されると、自信過剰で強引な人と思われ、反発や敵対する人が現れ妨害されそうです。

失敗は何度でもやり直せますが、同じ組織や集団の中で再浮上するの難しく、実力を生かす前に退くことは損失です。本音と建て前を使い分けるしたたかさは、自分を守る武器にもなり、野心や願いを胸に秘めて、目立たず自分の役割に徹して努力していけば、徐々に実績を積み実力を認められていきます。経験と共に表現も柔和になりユーモアも磨かれて、人間関係も円滑に進み、信頼できるリーダーとして定着します。

強い土台を着実に築いた後なら、立場も評価も揺るがずに、確実に長く安定を保てます。

優れた指導者に学び、志の高い友と親しみ、強いネットワークを築きましょう。

◇木曜星の生命リズムを生かし、堅実に土台を固め発展を目指しましょう。

＊日数46（己酉）の根の性質

日数46の人の種子・天性は木曜星です。勤勉で着実に努力を積み重ねて徐々に安定する木曜星の長所を持ち、さらに風流を好みロマンチストな面があります。

夢見がちで上昇意欲もありますが、若い時は内向的で素直に気持ちを出せないでしょう。逆に言いたい放題やりたい放題が通るようなら、能力を引き出す前に道を誤り、挫折を経験する心配があります。

ゆっくりじっくり、徐々に能力を引き出して実力をつけていくことが、安定と繁栄の道を開きます。手先も器用で緻密で精巧なものに惹かれ、歌や音楽や、絵や書道などの表現力も豊かで多才です。何かを始めて努力を続ければ相当な域に到達する力があります。

ただ、まじめに努力した日常が惰性的になると、現実逃避したくなるでしょう。安定した時に油断や慢心で気移りすると、築いた信用や土台を崩します。

気配りができ適度の社交性もあり秩序を守る几帳面さがあります。初めての人に対しては警戒心が強く、環境が大きく変わる時は不安定になる心配もあります。

趣味や特技を持ち、日常を離れて上手に息抜きをしましょう。小さな逃避ができると心が安定します。良いものを見極める目を生かし、平穏で安定した日常を大切にして、目標を高く持ち持続して上昇を目指しましょう。
◇木曜星の生命リズムを生かし、安定の中で向上していきましょう。

易
日
年
月

＊日数47（庚戌）の根の性質

日数47の人の種子・天性は木曜星です。勤勉で堅実な人生を築く人が多い木曜星ですが、日数47の人はお人好しで情が深く面倒見のよい性質が加わります。

若い時は思い込みが強く短気で直情的なところがあり、虚勢を張って実力以上に頑張りすぎ、余計な重荷を背負う心配があります。もし自尊心が傷つき悲しい思いをしてもくじけないでください。苦労や失敗の経験は心を育て人を見る目を養います。そして熟年期に近づくほど良い人に巡り合い幸せをつかむ可能性が高まります。

若い時に純粋な思いで結ばれた人は、苦労を乗り越えて共に人生を全うしましょう。早婚でも晩婚でも晩年に向かい平穏で安定していきます。人と出会い、感動や感激に心が熱くなり、心が通じ合う喜びに浸り、順調に深まっていけば幸せです。たとえ一方通行であっても、心が感応する経験は心の幅も深さも増して感性を豊かに育むでしょう。実力が向上し、知性が磨かれて魅力が増していきます。良いパートナーと巡り合い、ともに人生を歩き歴史を築くことは大事業です。焦らず急がず、内面を磨き、堅実な生活を着実に実現し、仕事も私生活も実力を向上させていくことが良い出会いや生活につながります。

心が通う幸せな生活を目指して着実に安定を築きましょう。

◇木曜星の生命リズムを生かし、心豊かに平穏な人生を築きましょう。

＊日数48（辛亥）の根の性質

日数48の人の種子・天性は木曜星です。勤勉でまじめに着実に実績を積み上げて成功する木曜星ですが、干支数48の人は性急に先走って重荷を抱え、苦労する傾向があります。他を思いやり、自分がやらなくてはという思い込みで動き、その割に感謝されず報われないことも多いのです。一生懸命なだけに、寂しい思いをするでしょう。

人の心配をする間に自分の頭上を飛ぶハエに気付くことが大切です。先を見通して不安に対する直観力が働き、先走って行動するため、気配りや気遣いがうっとうしく思われそうです。見栄も虚勢も張らず、自然体で話し合える良い理解者を求めましょう。通じ合い理解される幸せは、心を安定させお人好しや思いやりが、素直に長所として発揮できるようになります。そして自分の目標や目的を明確に持ち、ひたむきに取り組んでいけば、心のバランスを保ち安定して発展していくでしょう。

さ迷う気持ちを一つの目的に集中し、根気よく長く持続できれば大きな成功も望めます。願いを追い求めて必要な知識や技能を習得し、強く激しいパワーを自分の目標達成のために生かしましょう。

熟年期をピークとして苦労が報われ、晩年に向かい大いに活躍できます。実力や実績を積み重ね、心の安定と共に平穏な生活に安住するでしょう。

◇木曜星の生命リズムを生かし、目標到達へひたむきに頑張りましょう。

＊日数49（壬子）の根の性質

日数49の人の種子・天性は木曜星です。堅実で着実に実績を積み重ねて晩年を豊かな安定に導く木曜星ですが、日数49の人は特に長期的な視野で行動していく晩成型です。

早くに成功すると逆に慢心して大きな挫折を経験しそうです。また家庭や家族の問題で苦労や不自由な状況でも、環境に順応して日々の生活を優先していくことが、未来の安定への足掛かりとなるでしょう。

若い時は華やかな夢や憧れを抱きますが、実現のために無理をすると現状の力では抱えられない重荷を背負う心配があります。無理せず長期的な目標に切り替えて堅実な日常を積み重ねることが、成功への道につながります。地味な印象やおとなしく見られる人も、批判的な口調で損をする人もいますが、親しむと明朗で大らかです。繊細で緻密な人は、優れた能力を秘めていますが引っ込み思案でしょう。

木曜星は共通して計画的にじっくりと取り組み堅実に歩んで成功していきます。功を焦り性急に動くことは、失敗する可能性が高まります。環境に応じ、立場に応じ、実力に応じて相応に行動していけば、徐々に道が開き、認められて安定していきます。蓄積上手であれば安心ですが、功利的で計算高くなると発展性がそがれます。

大らかに着実に目標の実現を目指し、平穏で豊かな晩年を築きましょう。

◇木曜星の生命グラフを生かし、着実に穏やかな安定を築きましょう。

＊日数50（癸丑）の根の性質

日数50の人の種子・天性は木曜星です。堅実で着実に実績を積み重ねて、豊かな晩年を築く木曜星の長所を備えています。さらに物腰が静かで謙虚さと柔軟さがあります。

変化に疎くスローテンポな動きですが、慎重細心で無理をしないために失敗が少ないでしょう。

鈍感に見えて内面は情緒と感情が豊かで良いものを見極める目もあります。

夢や憧れを秘めて思いや願いを想像力を膨らませて楽しみます。表現力を鍛えれば作家や画家やデザイナーなど創造的な道も開けるでしょう。成功を焦り華やかな夢を追いかけて安易に行動すると中途半端に道を誤りやすく、逆に時間とお金を浪費しそうです。

遠回りでも着実に実力をつけ、必要な能力を習得していくことで、徐々に注目され頭角を現していきます。執着心や根気がありその分頑固ですが、決めたことは不言実行して簡単に引きません。

マイナス面は引き時を見失い深みにはまることでしょう。

受け身的な面が欠点にでると、相手に依存して惰性的な生活になり発展性を無くすことがあります。変わりにくいだけに頑固で厄介な人になりかねません。

素直に長所を伸ばし、明るく穏やかに人と接して良い人間関係を育てましょう。

周囲の引き立てもあり徐々に願いに到達し、安定した幸せな生活を築けるでしょう。

◇木曜星の生命リズムを生かし、徐々に力をつけて夢を実現しましょう。

＊日数51（甲寅）の根の性質

日数51の人の種子・天性は水曜星です。明朗活発で行動的で円満な人間関係をつくり、自分の力で切り開いていく水曜星ですが、日数51の人は、熱しやすく冷めやすい点に注意が必要です。特に行き詰まり停滞した時に、現状で我慢や辛抱をして好機を待てず、方向転換をしてしまいそうです。もしそこで焦らず時を待ち、また遠回りでも安全で平たんな道を迂回していけると、大きな成功をつかむ可能性が高まります。

一本気で潔く、興味や好奇心も旺盛で意欲的に行動しますが、一つの事に時間をかけて取り組み、紆余曲折を乗り越えていく力を養うことが課題でしょう。

困難を避けて短気に変更して気移りすると、大きな失敗はありませんが、なかなか満足な結果がでません。また短気が攻撃的になると、停滞した状態を無理やり進もうとして、大きな挫折を味わい一層苦労します。無謀な勇気はとても危険です。

温和で謙虚な性質を伸ばして優れた人に従い、忠告を素直に聞いて止まる勇気を持ち、そしてあきらめず時間をかけて対処していくと、志や願いをかなえ大きな満足をつかめるでしょう。無難に場当たり的な人生を選ぶか、そこで我慢して思いを成し遂げるかで、晩年の安定感が大きく変わります。

楽な道はなくても苦労を乗り越えて、成功と豊かな安定を築きましょう。

◇水曜星の生命リズムを生かし、我慢と持続する力を磨き安定しましょう。

＊日数52（乙卯）の根の性質

日数52の人の種子・天性は水曜星です。明るく活動的で前向きに行動し、人間関係も円滑で目上に可愛がられます。日数52の人が失敗する時は、自信過剰になりマイペースに手順を踏まず動く時でしょう。

元々謙虚で柔順で穏やかなのですが、意欲的で自分の力を過信し、発想を早く生かしたくて独走する心配があります。周囲には一貫性がなく、立場を考えない自信過剰な動きにも見えて、協力を得られず行き詰まりそうです。

一度信頼を失うと回復するまでは厳しい状況になりそうです。謙虚に円滑な人間関係を築くことは、成功し発展するためにとても大切です。

目上の人に可愛がられるので、手順を踏まず行動することは野心に取られ、予想以上に厳しい現実になるでしょう。安全で平らな道をアイデアと努力でさらに広げていく力がありますが、そのためには多くの人の支援や協力が不可欠です。必要な技術や能力や知識を学び習得する時間は大事な充電の時です。十分に力をつけて動きだせば、大いに前進し目標へ到達するでしょう。そして無心にひたむきに努力する姿勢は好感をもたれ、共感する人に恵まれて順調に発展して安定していきます。

無計画な冒険心を持たず、好奇心や興味を明確な目標にして準備し、力をつけて持続していきましょう。

◇水曜星の生命リズムを生かし、豊かな発想を力に安定を築きましょう。

＊日数53（丙辰）の根の性質

日数53の人の種子・天性は水曜星です。明朗快活、好奇心も旺盛で、上昇意欲が高く積極的に行動します。日数53の人は感受性が豊かで繊細ですが、決断が早く無理や無駄を排除していく潔さがあります。負けん気も強く自分を鍛え高め、チャレンジ精神も旺盛です。

少々の失敗はプラス思考で切り替えて立ち直りますが、その果敢な探求心が横道にそれると、大きな挫折を経験することにもなります。身体能力や知的な面も優れた能力を秘めており、早くに才能が芽生える人もいます。また自信過剰になると忠告を聞かずわがままにもなり、自制心を無くす心配があります。

繊細で傷つきやすいもろさがあり、若い時の挫折の影響は人生の方向を狂わせることがあります。失敗に委縮せずに持ち前の明るさ潔さで乗り越えていきましょう。

優れた人の影響を受けてまっすぐ得意を伸ばしていけると、能力が磨かれて開花する可能性が高まります。しなくてもよい無用な経験を排除して、豊かな能力をのびやかに育てていくことが大切です。

目標を明確に持ち、自分を鍛え高めて強い達成意欲をもちましょう。私利私欲が少なく弱い立場の人を労わる優しさがあります。学び鍛える中で優れた人たちと交わり、謙虚さや慎み深さを磨いて豊かで安定した人生を築きましょう。

◇水曜星の生命グラフを生かし、謙虚に得意を磨き上昇しましょう。

＊日数54（丁巳）の根の性質

日数54の人の種子・天性は水曜星です。明るく活動的に見えますが、積極的に切り開いていくタイプではなく、受け身的で環境に順応していくでしょう。

柔和で思慮深く優しさがあり、高い望みを持たず平穏を望めば、家庭的な幸せをつかみ穏やかな人生になりそうです。安定した生活の中で、着実に必要な能力を高めて成長していくことが、本当は幸せの近道です。でも穏やかなようで情熱を秘めて、成功への意欲も強いために平凡な人生を避けてしまうかもしれません。

人への関心が強く、興味や刺激を受けて直観的に人を選ぶと、若い時は見かけに騙されて人を見誤る心配があります。周囲の人の忠告や意見を素直に聞くことが安心です。愛情や恋愛で挫折すると切り替えられず、悩みを深め低迷しそうです。駄目なものはダメと割り切り、失敗を乗り越えるプラス思考が大切です。平凡な人生を望まず高みを目指すなら、良い環境を求めて良い人と交わり、自分磨きに励み真の実力を身に付けましょう。

実力と外見が一致することは、充実した実り多い人生につながります。

逆に実力不足で虚勢を張るとアンバランスな状態になり、信用が築けないでしょう。

成功や願いの成就を焦らずに、方向を定め道を決めて着実に努力を続け、実績と共に上昇して徐々に豊かに安定していきます。

◇水曜星の生命グラフを生かし、堅実に努力して安定を築きましょう。

易
日
年
月

＊日数55（戊午）の根の性質

日数55の人の種子・天性は水曜星です。明朗活発で積極性があり、社交的で人の面倒見がよく、好感度が高い性質です。プラス思考で目標への達成意欲が高く行動力も指導力もあります。優れた能力を秘めて、人間的な魅力があり注目されますが、生かさなければ宝の持ち腐れです。楽に流れて人に依存すると素質を生かすことができず、逆に存在感があるだけに身近の人に負担をかけてしまいそうです。

個性的で美意識も高く、アピール力もあります。実力をつけて自分が注目を浴びる仕事にも適性がありますが、家族や家業の繁栄に貢献していく堅実な道もあります。試練を避けず、積極的に取り組んでいけば、良い人に恵まれ、努力と共に実力も身に付き、大きく発展して目標を実現していくでしょう。

計画的に行動することや、緻密な作業が苦手で、無計画に警戒心もなく安易な動き方をすると、発展は望めません。また好調な時に慢心して自分に甘くなり、金銭を浪費するようでは晩年の安定が遠ざかります。大きな発展の素質を生かすために、安定した家庭を築くことが強固な土台となるでしょう。人と交わり、良い人と交流して自分を高め、謙虚に人の話を聞き、実践して知識や経験を増やしていくことで恵まれた素質が磨かれ、現実の生活に生かされて発展していきます。

◇水曜星の生命リズムを生かし、発展と成功を目指して努力しましょう。

＊日数56（己未）の根の性質

日数56の人の種子・天性は水曜星です。温和で柔和な印象があり、周囲の調和を大事にして思慮深く行動します。楽天的でのんきに見えますが、周囲を冷静に観察して適切な気配りや心遣いができる人です。楽しく和やかに過ごすことが好きで、争いやもめ事を嫌い、極力関わらないようにするでしょう。円満な人間関係を築きますが、加減を心得て本心を見せず人の問題に深入りすることもしません。

負けず嫌いでプライドも高く、利害や損得にも敏感ですが、美意識が高く、時には防衛的になり虚勢を張ることもあるでしょう。良く生かせば、投資のセンスにもなり、美的センスを発揮して創造的な分野に才能を見出す可能性があります。楽な方へ流れ我慢強さや根気に欠ける傾向があり、見栄や虚勢が高じると言行不一致や、悪気はないもののつまらない嘘をついて、信用を無くす心配があります。

頭で描く自分の理想や夢は、少しの努力と適切な環境を作ることで十分達成する力を秘めています。優れた人のもとで切磋琢磨する厳しさに鍛えられ、持続することができれば、優れた能力を引き出して大いに発展するでしょう。

感情豊かで愛される幸せを望みますが、人の関係も仕事も積み重ねて安定した土台が築かれます。安易に気移りしないよう根気を養い、幸せを実現しましょう。

◇水曜星の生命リズムを生かし、根気と持続力を養い幸せをつかみましょう

易
日
年
月

＊日数57（庚申）の根の性質

日数57の人の種子・天性は水曜星です。陽気な親分肌で、身内や仲間思いで面倒見がよく、状況を把握して円満に収める優れたリーダー資質があります。機転が利き気配りも行き届き、周囲の人を励まし元気付ける盛り上げ上手です。

有言実行する行動的なタイプですが、人を使うのも上手で、有能な仕切り屋にもなります。

常に率先して行動して信頼を築きますが、要領よく振る舞い手抜きをすると、築いた土台はもろく崩れるでしょう。利害や損得で気移りせず、一貫して思いを持続する強い意志をもって願いに向かえば、良い仲間や支援者に恵まれて大いに発展していきます。

見栄を張らず、自然体を心がけて堅実に日々の行動を積み重ねて行けば、自然に余裕が生まれ、成果を蓄積して豊かな人生になるでしょう。

人間味豊かでユーモアセンスもあり、周囲を和ませ楽しませる優れたコミュニケーション能力は、好感をもたれますが、気分がむらで機嫌がよい時と悪い時、また相手により対応が変わることに注意しましょう。愉快に楽しく過ごせば常に笑顔で円満に過ごせます。そのためにも、日々の積み重ねを大切にして、余力を蓄える意識をもち備えることが大切です。

好調の時こそ慢心せず、謙虚に柔和に堅実に生活していけば、豊かで安定した悠々自適の人生になるでしょう。

◇水曜星の生命リズムを生かし、堅実に蓄積して悠々自適の生活を築きましょう。

＊日数58（辛酉）の根の性質

日数58の人の種子・天性は水曜星です。温和で円満を好み朗らかですが、冷静に現実を観察する目があり、表現する言語力も優れています。器用で多才ですが、几帳面でルールや秩序を大切にします。若い時に環境に恵まれず苦労した人ほど他人の努力や苦労を理解し、公平に実績を評価する冷静さがあります。逆に恵まれた環境で苦労知らずなら、地位や立場を信じて変化を嫌い惰性的に状況を受け入れるでしょう。

経済観念は基本的にはしっかりしていますが、時には高額の買い物をしたり、投資をしたり、余裕があれば気前よく使いたい方でしょう。

他人の苦労や努力を理解して、実績や結果を正当に評価するので、上に立つ人なら信頼されます。逆に下の立場では不平や不満もあり、時には怒りも覚えますが、感情的に表に出すことは少なく、ストレスを溜めてしまいそうです。

利害のない交友関係を深め、趣味や芸事に励み、発散する場を持つとよいでしょう。負けん気はあるものの環境に柔順なため、順当に認められていけば心穏やかに過ごせます。

下の立場より人の上に立つ方が素質を生かし能力を生かせます。

実力をアピールする好機は積極的に生かして上昇を目指しましょう。

◇水曜星の生命リズムを生かし、実力を発揮して活躍の場を見出しましょう。

*日数59（壬戌）の根の性質

日数59の人の種子・天性は水曜星です。大らかで人間味があり情も豊かで、公平な見方ができるバランス感覚が優れた性質です。私利私欲は少ないものの、清濁併せのむ度量があり、優先するものを見極めて決断します。

義理堅く守る意識も強いため、冷静に利害損得を測り、引く時は潔く引いて損失を生まないよう行動します。温和で穏やかですが、内面に怒りを溜めることもあり、感情的になり短気に行動すると得はありません。

爽やかで人を引き付けるカリスマ性も備わっています。気配りや機転も利き、人当たりもよく、感動して涙もろいところもあり、人間的な魅力があり好感度は高いでしょう。おだてられ持ち上げられると、交渉や仲裁を買って出るお人好しでもあり、交渉も巧みです。

強く求められ、頼られると断れず、引くに引けない立場になる心配があります。

公私の人間関係は優先順位を明確にして一定の線引きをすることが、現実を守り安定させるために必要です。人もお金も蓄積していく意識が大切ですが、流されて重荷を背負わないよう冷静に人を見極めましょう。異性や金銭が絡むもめ事を避けて身辺をシンプルに保つことは、心の安定と平和にとって大切です。

穏やかで心が安らぐ生活を大事にして長く安定を保ちましょう。

◇水曜星の生命リズムを生かして、平和で安らかな生活を築きましょう。

＊日数60（癸亥）の根の性質

日数60の人の種子・天性は水曜星です。思いやりも情も深く公平さや平等を大事にしますが、特定な人への思いが強くなると執着心や依存心が生まれます。思いが通じてプラスに出れば強い忠誠心にもなり、献身的に尽くすでしょう。逆に思いがすれ違い報われない時は、深い孤独感に襲われそうです。心がすれ違う寂しさや不満が強い怒りになると修復できない溝を作る心配があります。本来は明朗ですが、気分次第で気難しくも暗くもなり、感情に左右されやすい点は注意が必要です。良くも悪くも情が深く純粋で一途なため、思いが強い分疑心暗鬼にもなりやすいのです。

良い相談相手やパートナーを持ち心の平穏を保つことが大切です。積極的に見えて引っ込み思案もあり、情熱的ですがひたむきすぎて、警戒されそうです。心を鍛え、実力を磨き、内面の大らかさや深い包容力を引き出すと、公平で弱者を労わる素晴らしい人格が形成されます。

自分に甘くなれば依存心が強くなり、調子のよい人にもなりかねません。内面を磨けば光り輝き、良い人の縁に恵まれて大きく発展していきますが、磨かなければただの石ころの人生になります。

人の悲しみや不安を理解する感性や、人を包容する深さもあり、多くの秘めた力を引き出し生かすのは自分自身です。能力を発揮する機会を求め、厳しさに耐えて発展し、最終的には大らかで平和な人生へ到達するでしょう。

◇水曜星の生命グラフを生かして、大らかで安らぎのある豊かな人生を築きましょう。

第一章

干支と易でよみとく
自分だけの「生命の木」の育て方

年の干支数（年数）は
根につながる幹の性質

生まれ年の幹の性質は
生き方や人生観に影響し力量や器に現れる

*年数1（甲子）の幹の性質

優れた能力を秘めていますが、願いをかなえるには相当の根気と強い意志が必要です。簡単には咲けない花ですが、厳しさや障害を耐えれば、必ず美しい花が開く時が来ます。苦労が多い分様々な分野で発展する能力や可能性を秘めているのです。悲観的な考えに囚われて、周囲の人を批判したり恨んだりすると幸せが遠ざかってしまいます。

一人で頑張らず、素直に話せる仲間や信頼する指導者を求めましょう。挫折や困難に苦しむ時、悩みを深めず明るく支え導いてくれます。始めたら6年続けることで強い幹となり、成功を引き寄せます。

*年数2（乙丑）の幹の性質

若い時は興味や好奇心が旺盛で発展の欲望もありますが、機会を待ち安易に行動しません。口が重いため思慮深く見られますが、冷静というより情熱が湧かないと動けず、案外直感やひらめきを大事にします。周囲に振り回されない分、腰が重く発展の好機を逃がすこともあるでしょう。頑固で融通が利かず、決断や行動が遅い人と誤解される心配があります。

損をしないために、信頼できる身近の人と心を通わせ、情報を共有して理解を深めることが大切です。瞬発力は弱いですが持久力は優れています。じっくり決めて着実に実行する安定感と根気を生かし、徐々に信頼を深め、堅実で安定した生活を築きましょう。

＊年数3（丙寅）の幹の性質

直観力も即断即決する潔さや瞬発力もあり、未知へのチャレンジ精神も旺盛で、意志が強く責任感もあります。自由で公平を願う気持ちは人一倍ですが、思い立つとすぐに行動しようとする直情的で短気な面があり、行き詰まって焦るほどに冷静さを失い混乱しそうです。

これは弱点で、時には命の危険も顧みない無謀な行動をする激しさが心配です。夢や願いを実現するためには、必要な知識や心身を養い整えて、忍耐強く好機を待ちましょう。

待つことは苦手でも、その我慢は必ず報われて道が開き、伸び伸びと行動する時が来ます。また共感する仲間や協力者にも恵まれ、苦労をした日々を一掃する喜びを味わえるでしょう。

＊年数4（丁卯）の幹の性質

自由で伸び伸びと活躍できる環境を望み、周囲に対しても温和で公平感を大事にします。そのため共感する仲間や友に恵まれ、自ずと協力や支援の輪も広がるでしょう。目的や願いを明確に持つと、労をいとわず自ら汗を流す頑張り屋です。ただ意欲が先行して功を焦り、秩序やルールを無視して性急に行動すると、共感する人の信頼を失います。夢や理想が独り善がりにならないよう、共に歩む人と思いを分かち合うことが大切です。共に進む意識を忘れず努力すれば、共感し応援する人も一生懸命支えてくれます。身近の人との強い信頼関係に支えられ、恩恵に報いる誠実さを発揮して、発展と穏やかな安定を築きましょう。

＊年数5（戊辰）の幹の性質

向上心も旺盛で厳しさを乗り越える気力も十分ですが、発展の意欲が強すぎるために暴走してしまう心配があります。守るもの大事なものを意識して感情をコントロールしましょう。強い思いで走り出すと、途中で方向修正が利かなくなり、多くは不利な状況を招きます。

少し問題から距離を開けて観察する心の余裕が必要です。また状況が変化している時は、落ち着くまで動かずに我慢することができれば、たいがいの事は無難に過ぎていきます。

周囲にあおられて危ない目に合わないよう、冷静に判断することがとても大切です。激しい感情を抑えて、そよ風のように柔軟に対処できれば、大きく発展する可能性があります。

＊年数6（己巳）の幹の性質

人の心の絆を大切に思い、信頼する人には柔順で誠実です。信じて守るものができると忠実に粘り強く努力するため、周囲に信頼されて成功に導かれていきます。

責任感が強く誠実で思いやりがある分、いい加減な相手には厳しい態度で接しそうです。真面目で秩序を守る思いが強く、周囲に息苦しさを与える事もあるでしょう。厳しさが行き過ぎると強い束縛感を持たれる心配があります。焦らず急がずよく問題をかみ砕いて、自分本位ではなくじっくり考え、皆が納得する方法を探りましょう。純粋な情熱や人への思いがプラスに生かされて、信頼と平和を長く保つことできるでしょう。

＊年数7（庚午）の幹の性質

本心を素直に出せず警戒心もありますが、社交性を発揮して意欲的に取り組みます。

成功し注目されることは悦びであり励みですが、成功を焦り無理をすると、好ましくない考えに囚われて道を誤る心配があります。自信が持てない時や迷う時の判断は誤りやすく、動く前に慎重に立ち止まることが必要です。大事なものは何か、純粋な思いや健全な目的のために、誰を信じどこへ進むかを考え、謙虚に振り返る習慣を身に付けることが大切です。

一日の終わりに心の余裕を取り戻して、良い人を見る目を養い、心から喜べる創造的な活動を目指して実力を養いましょう。良い人と交われば必ず上昇へ導かれていきます。

＊年数8（辛未）の幹の性質

恵まれない環境や不遇を経験する中で強い防衛心が育ちます。外に対しては穏やかに気を配り、内面に頑固なほどの強い意志の力があります。ありのままに現実を受け止めて行動できれば、着実に安定と繁栄を築いていきます。虚勢を張り無理な動きをすれば逆に行き詰まりそうです。温和な外見と強い精神力は最大の長所で、侮れない存在感があります。

無駄に争わず、時流や勢いの変化を待ち、好機が来れば流れに乗るしたたかさは強みです。困難な時や不本意な状況でも、今できることを淡々と努力するため、最終的には多くの信頼を獲得して成功する力があります。

*年数9（壬申）の幹の性質

苦労もありますが、周囲の信頼を大事にして実績を積み重ねていくため、晩年は穏やかな安定をつかみます。器用で多才な人が多く、周囲への気遣いや思いやりもあり、徐々に周囲の信頼を深めて支持者が増えていきます。組織の中では主流になり難いのですが、支持する人も多く敵対する相手にも疎かにできない存在感があります。競争心を燃やして闘うと実績をご破算にする心配がありますす。困難な時は無理せず潔く引いて辛抱できれば、また光が当たる機会が来ます。勢力争いに惑わず、興味や好奇心を育てて着実に実績を積み重ねましょう。

人に恵まれ豊かな安定した人生になります。

*年数10（癸酉）の幹の性質

夢や情熱があり知性も備え、豊かさや成功をつかむ素質がありますが、慎重で無理をしないため、好機を生かしチャンスをつかむのは簡単ではありません。

柔軟に変化に反応して動くことができれば、早い時期に恵まれた生活をつかめるでしょう。プライドが高くお人よしでもあり、周囲に持ち上げられて分不相応の浪費をする心配があります。築いた土台を失うことがないよう、成功や繁栄は永遠には続かず、確実に衰退する時が来ると心に刻み、良い時に蓄積し活力を保つことが大切です。安定を長く保つためには、公私に引き時を促す信頼できるパートナーをもち、素直に従うことが安心です。

＊年数11（甲戌）の幹の性質

飾らず率直で人情家ですが、内面には正義感や強い発展の意欲があります。表現がストレートで威勢が良いため短気にも見られますが、争いを嫌い円満な解決を望み辛抱強く無理はしません。好感度が高く気さくで、来るものを拒まず交流を広げ、去る者を追わない潔さがあります。防衛的でもあり、もめごとや人への深入りを好まず、中立的な立場で力を発揮するでしょう。広く浅くなりがちな人間関係ですが、寂しがり屋でもあり、家族のように信頼し心を許せる人ができれば安心です。少数でも心の通う絆の強い関係があれば安定し、逆境や困難にも耐えて誠実な人生を全うできるでしょう。

＊年数12（乙亥）の幹の性質

正義感が強く、率直で飾らず情も豊かな人情家で、筋を通す潔さや誠実さがあります。心が通い合うことに喜びを感じ、金銭や利益につられて動くことの少ない人です。一生懸命に正しく生きようとする姿勢は好感を持たれますが、不安が強く、警戒心を働かせて臆病なほどの心配症は注意が必要です。親切心を発揮したり、情に流され先走ってやり過ぎると思うほどに感謝されず、余力を失くします。虚しくなる前に堅実に蓄積し、晩年に備えることが自分の安定を保つために大切です。素直に活気を生かし行動すれば、ありのままで多くの人に支持され、繁栄を約束された強運の持ち主であることを忘れずに。

*年数13（丙子）の幹の性質

華やかで人を惹きつける魅力のある人です。金銭感覚はシビアですが投資や蓄財の勘やセンスがあります。時流を読んで流れをつかみ、その流れに素直に乗って無理なく成功をつかみ、危うくなれば冷静に引く勇気もあり、恵まれた人生になるでしょう。自分の欲が強すぎると直観が裏目になり、築いた土台をご破算にする心配があります。内面は明朗活発で社交的な外見とは違いクールで用心深く簡単には人を信じません。また本音を出せない臆病な面があり、一人で地味な作業に没頭し安らぎを感じます。旺盛な好奇心や探求心を発揮して大成する能力を生かすため、信頼し心が安らぐパートナーの存在は大切です。

*年数14（丁丑）の幹の性質

優れた直感やひらめきがあり、それは発明や発見の力ですが、実を結ぶには力を蓄え準備が大切です。マイペースで動じない強さと存在感は強みです。冷静に行動して有利な状況に持ち込む才覚や柔軟さがありますが、反面、強引さや激しさを見せて周囲を驚かせそうです。

若い時に興味や関心を生かし意欲的に努力すると、能力が磨かれ機会に恵まれて発展します。逆に楽を望んで努力を怠ると、強い影響力や存在感があるだけに、他人の人生も低迷させる心配があります。やりがいや目標をつかみ、着実に実力を養えば支持者に恵まれて発展していきます。

人を率いる力があり、改革や新たな開拓のパワーを秘めています。

＊年数15（戊寅）の幹の性質

好奇心や興味を持つと迅速な行動力を発揮します。変化の兆しに敏感で直観力に優れ知識欲も旺盛でしょう。人の力と時流を読む目があり、自ら良い師を求め、広く良い友を見出して絆を深めます。未来を描き目標を見出して具体的に行動する中で、良い人材を得て共に行動できれば、成功と発展の可能性が高まります。目的に共感して共に活動する人たちは、大きな実現の力となります。仲間思いで潔く率直なため、失敗してもポジティブに切り替えますが、その分細かいことに無頓着な面があり油断も生じます。弱点を補うパートナーや仲間の存在は強い味方となり、リーダーの素質を発揮して成功へ導かれるでしょう。

＊年数16（己卯）の幹の性質

自由奔放で旺盛な興味や好奇心に向かい意欲的に行動し、周囲と協調して円滑な人間関係を築きます。半面ひらめきや思い付きで安易に行動して、知識や経験が足りず残念な結果になる傾向もあります。明るく切り替えが早い潔さは長所ですが、熱しやすく冷めやすい点は修正が必要です。強引なやり方を嫌い無理はしないので大きな失敗に発展することは少ないでしょう。

幅広い情報通ですが、広く浅くなりがちで一つを深めるのは得意ではありません。アイデアが豊富で円満な人間性を強みに開拓する力があり、最後の一歩を詰める執着心や根気を磨けば、願いや夢を実現できるでしょう。

易
日
年
月

*年数17（庚辰）の幹の性質

上昇志向が高く、厳しさを乗り越えて発展するために努力します。共感する人たちを思い誠実に実力を磨くことで上昇していくでしょう。でも目的や守るものを明確にして、過激にならないよう急がないことが大切です。失敗しても潔く切り替えますが、懲りずに安易に動いて失敗を繰り返す心配があります。謙虚に反省して原因を探り過ちを繰り返さないよう注意が必要です。また私利私欲で動けば周囲の共感と信頼を失います。共通の願いに向かい共に行動することで心が通じ合い、強く優しく我慢強い気質を発揮することができます。深い共感と信頼の土台の上に理想が築かれ、平和な生活が訪れて長く安定が続くでしょう。

*年数18（辛巳）の幹の性質

青年期までは親の環境に順応して穏やかですが、徐々に発展への夢が膨らんでいきます。現実に行動すれば心で描いていた以上に厄介な制約が多く、戸惑いや怖さを感じるでしょう。柔順で用心深いため、仕事も人間関係も新たに挑戦する時は緊張感が強く、環境になじむまで時間がかかりそうです。でも誠実に日常を積み重ねて徐々に味方や支持者が増えて、信頼関係が築かれるでしょう。内心は好奇心旺盛で、旅を愛し冒険に憧れ、奔放な人に興味や関心があり、堅実な日常からの脱皮も夢見ています。しかし現実は常識的で節度ある人たちに安らぎ、着実で安定した人生を歩みそうです。

＊年数19（壬午）の幹の性質

大らかで快活ですが、金銭感覚は緻密で無駄な出費を嫌い、一見クールに見えます。成功して好調な時には、シビアな金銭感覚を示し非情にも見えますが、実際は金銭にこだわりがなく、頼られ慕われると、親分肌を発揮して面倒を見てしまいそうです。人が好いというより、人が喜ぶのが好きで気分も良いのです。出費しすぎて晩年に困窮しないよう加減が大切です。

分け隔てなく親しむ気さくさは美点ですが、大きく発展するためには、有能な人や実力者を見極めて交流を深め、好感度の高い素質をプラスに生かすことでしょう。

人もお金も積み重ねて蓄積することが、真の実力を養い成功へ導きます。

＊年数20（癸未）の幹の性質

温和で無理をせず多分に平坦で楽な方へ舵を取りがちです。自力で切り開く冒険心は希薄で、環境や状況に順応して、重い責任を嫌い無難で穏やかな生き方を好みそうです。

直感力や人を見る目に優れ、社交的で幅広く交流して人脈を広げ、誠実で柔和なため好感度が高く存在感があります。有益な縁に恵まれて発展する傾向があり、人の絆を大切に築いた信頼を長く持続すれば、恵まれた人生を全うすることができます。半面、楽に流れて気移りし、中途半端にすると居場所を失い晩年苦労しそうです。堅実な金銭感覚を養い、信頼関係を大切に持続することで、安定した平穏な人生になります。

易
日
年
月

*年数21（甲申）の幹の性質

明るく負けん気が強く意欲的な思いに反して内面の内気な心が葛藤しそうです。手の届く目標や目的をもち、日常の役割や今できる事をコツコツと積み重ねていくことが自信となり強い心を育てます。逆に思いが内にこもると身近の人の動向が気になり、小さないざこざに発展しかねません。妬みや反目は誰の心にもありますが、強まると自分も周囲も行き詰まる結果を招きます。強い願いや思いは現実の厳しさを超える力を育て、様々な矛盾や葛藤は大切なものに気付く英知を引き出します。それは堅実な日常の積み重ねの結果で気付くものです。日々の達成感は自信となり大らかな悦びの人生を導くでしょう。

*年数22（乙酉）の幹の性質

公平で清廉な気質があり、仲間を思う気持ちも強く思いやりがあります。

上に対する従順さがありますが、信じると融通が利かず、信条を曲げない頑固な面があります。また仲間や身内意識が強くなると公平さを欠いて情に流される心配もあります。秩序やルールを守ることは大切ですが、異なる価値観や考え方を受け入れる柔軟さや寛容さを磨くためには、語り合い分かり合う努力を忘れないようにしましょう。固定観念に陥らないよう外界の刺激を柔軟に吸収し、優柔不断にならず低きに流れないことが大切です。行動する時、また止まる時を見極めて、周囲と摩擦を起こさずに人生のかじを取る柔軟な素質です。

*年数23（丙戌）の幹の性質

公平な見方をして清廉でまじめな人柄です。仲間意識が強く思いやりがありますが、身内思いが高じて情に左右される傾向があります。上に対しても忠実で柔順に接しますが、時には初対面で肩書を信じてしまう単純さが心配な点です。生き方や信条を曲げず、融通が利かない一本気なところがあり、頑固が過ぎると周囲が辟易とすることもありそうです。とはいえ誠実で人情味があり、日常の礼儀や秩序を大切に行動するので、身近の人の支持や支援を得られ、大きな失敗もなく順調に実行力を発揮して道を切り開くでしょう。謙虚さや公正さは美徳ですが、守り過ぎて冒険ができず、堅実で安定した人生に落ち着きそうです。

*年数24（丁亥）の幹の性質

謙虚で思いやりがあり、家族や仲間を守る気持ちは強く、労をいとわず率先して働くでしょう。正義感が強く一本気で思い込みやこだわりが強いため、人任せにできず抱え込む傾向があり、その点は注意が必要です。人の縁を大事にして義理堅く、率直で飾らず素朴な人間性を発揮します。また急激な変化を嫌い、拡大より安定を優先する保守的な性質ですが、内に熱い思いがあり、感情的に怒りを爆発させると人生の土台を崩す心配があります。短気を戒め、先を見る優れた直観力を生かして冷静に対処することが大切です。中年期を過ぎて安定する傾向があり、安住して良い人で終わるのも、情熱を持続してさらに発展することも可能な人生です。

*年数25（戊子）の幹の性質

勤勉で精力的に働き、自分の仕事に真剣に取り組むので、地味ですが着実に目的を達成するでしょう。苦労を乗り越えてこそ精神力が鍛えられ、人に対して細やかな気配りもできます。仲間や関わる人を大事にしますが、安易に成功しようとする人には厳しく接します。また恵まれた環境で努力を怠るなら、せっかくの力量や資質を生かせないでしょう。太く強い幹は強い根の力が必要です。心を鍛え発展の思いを強く育てることが大きな力を引き出します。

批判的なマイナス思考に陥らず、知性と豊かな心を磨き、緻密で細心な個性を生かして、実行力や集中力を発揮して大成する道を開きましょう。

*年数26（己丑）の幹の性質

冷静沈着で大胆さがあり、ひとたび動き出せば着実にやり遂げる根性や気迫があります。

発展への意欲も高く我慢強い努力家です。反対に甘やかされて我慢のない生活なら、ごう慢で自制心のない短所が表面化しそうです。細やかな気配りができずマイペースに動くと強引に思われ、反感やもめごとや争いの原因にもなります。時間や手間を省かず、関わる人には思いを誠実に伝えるだけで人間関係がスムーズになります。本心の願いや待望するものは何か深く考え、吟味して決めたことなら必ず進展します。そして共に喜び合える人生のパートナーこそ、待望してつかむ価値があるでしょう。

＊年数27（庚寅）の幹の性質

束縛を嫌い自由に動きたい気質ですが、若い時は家庭環境などの影響で思うように発散できないでしょう。境遇に反発して好き勝手をしようとは思わない柔順さがあり、欲や我を抑えた行動は、結果的に安定した人生へと向かいます。現状の中で着実に実力を磨いていけば徐々に道が開け、四十代を境にその思いを成し遂げる環境が整うでしょう。思いが結実するまでに時間はかかりますが、続けていけば必ず目的地に到達できます。もし現状の不満を勢いに任せて安易に発散すれば、思いを実現する前に行き詰まるでしょう。礼や秩序を守る謙虚さは優れた美徳です。それは平穏で安定した安住の地へ導く強い力なのです。

＊年数28（辛卯）の幹の性質

動きたい衝動や意欲が旺盛ですが、最後まで実行する根気が大切です。特に若い時は甘く考え、過信して失敗や挫折を経験しそうです。傷ついて人生の貴重な時間を無駄にしても、命の尊さを知ることは収穫です。逆に制約が多く窮屈な状況で動けないなら、内面を鍛え知識を吸収する好機です。現状に不満を溜めても短気を起こさず、向かう先に待つ荒波を乗り越える実力を養いましょう。目的を明確にして資格や技能を習得することも良いことです。強い思いを持続して準備をしていけば、遠回りはしても努力は必ず報われます。

焦らず好機を待って動き、前向きな意欲を成功と発展につなげましょう。

易
日
年
月

＊年数29（壬辰）の幹の性質

潔く清廉な気質があり、その分プライドが高く格好悪い事を嫌います。

信条や思いを曲げず、安易に人に頼ることも頭を下げることも苦手でしょう。

交流も幅広く、身内や仲間を大切にしますが、逆に頼まれると断れない面倒見のよい所があり、情に左右されて金銭感覚が甘くなる心配があります。たとえ損をしても、相手を責めず、潔く責任を果たすでしょう。物質的な繁栄より精神的な豊かさを悦び、晩年には欲望を削ぎ落したような安らぎを望みそうです。心豊かに人生を全うするために、良い時に築いた実績やお金などを蓄積して安定を保ち、望む未来を実現しましょう。

＊年数30（癸巳）の幹の性質

自分のための行動より、信じる人に柔順に尽くし誠実で粘り強い性質です。

周囲の願いや思いに共感して行動を起こす時は、果敢に決断し実行する強さがあります。

日常は大人しく穏やかで、争うことや競い合うことは苦手で優柔不断にも見えます。でも内心に強いこだわりや思いがあり、理想も高く簡単に同調して動くことはありません。

臨機応変な素早い動きができないため、引き時を誤ると窮地に追い込まれる心配があります。

清廉で志の高い人と共に、やりがいのある人生を築くことが幸せで、徐々に存在感を発揮して重要なパートナーとなり、発展を目指して共に歩むことが幸せです。

＊年数31（甲午）の幹の性質

夢や希望に溢れ、はつらつとして活気があり、優しく柔軟な心を持っています。周囲の人への思いやりもあり、プラス思考で好感度も高いでしょう。独立心が強く恋愛志向ですが、交際から結婚に至る事が多く、早くに家族を持つ傾向があります。若いうちに技能や資格などの基盤を作ることが、仕事の発展につながり生活を安定させます。難を言えば計画性に欠けること、近づく人への警戒心が不足している点でしょう。特に成功した時や恵まれている状況では、人への柔軟さや面倒見の良さが裏目に出ることがあります。お人好しと慢心に注意し、築いた人生の土台を守ることが大切です。継続を力に堅実に行動すれば大いに発展する素質です。

＊年数32（乙未）の幹の性質

おっとりとして柔和ですが、夢や願望への思いが強く意欲的です。技術や資格取得に励みますが、現実には堅実な人生を歩みそうです。環境や立場に順応して素直に力を発揮していけば、周囲の人に助けられて、相応に満たされた幸せな人生になります。半面無計画に意欲や勢いで行動し、実力を過信してはるか遠い目標や、非現実的な夢に心を奪われることは危険です。

現実の生活のバランスを崩し、築いた安定を失うことにもなります。本気で遠い目標に挑むなら、どんな状況にも変わらない強い思いを育て準備しましょう。絞り込んだ願いが信念になれば、苦難を超える力となり大いに発展する可能性があります。

＊年数33（丙申）の幹の性質

達成意欲が強く発展のために深く探求し知識を吸収する努力家です。

リーダー気質が備わり、関わる人たちのために努力しますが、自分自身は現実に手の届く所で堅実な人生に安住したいと思うでしょう。内面は穏やかで柔順なので、責任の重圧や上下関係などの、複雑な人間関係にストレスを高めそうです。でも平和で安定した人生を築くためには、時には生みの苦しみを味わい、苦難を乗り越えることが必要です。猿山のボスのように弱い者を守り、果敢に挑む強さを発揮するでしょう。重圧に負けず安定したゆとりある生活のため改革に挑み安定を築く素質を発揮しましょう。

＊年数34（丁酉）の幹の性質

明るく活動的ですが警戒心が強く、慣れた環境や習慣に順応して心が安定します。

日常を継続して着実に実力を伸ばし、身近の問題には機敏に柔軟に対応します。生真面目なので冗談や軽口に疎く反応が遅れますが、繊細で人の心には敏感で、冷静に人を見抜いていくため失敗は少ないでしょう。環境が変わると緊張が高まるため、安易に変化を求めて行動するとストレスを感じて行き詰まる傾向があります。規則的な日常や安心できる環境の中では、活発に活動し気配りも行き届きます。激しい変動に疲れ恋愛も奥手ですが、仕事も家庭も長くなるほど成長し、心も磨かれ、穏やかで安定した生活になるでしょう。

＊年数35（戊戌）の幹の性質

人に恵まれ助けられて成長する、安定した穏やかな人生傾向です。その分競争心や発展の意欲が希薄になりそうです。苦しい時に安易な選択をして不本意な道に進まぬよう、迷う時は信頼し尊敬できる人に随うことが安心です。目上には謙虚に気遣いをしますが、率直で飾らない態度が好感をもたれます。また目下には公平で、無理せず柔軟に行動し、引き際も潔いため人望があります。

仲間内では八方美人の批判もあり、また妬まれることもありますが、オープンで和やかに親しむため、好感を持たれるでしょう。思いを持続することが課題で、好機を待ち動き、堅実に持続することで人に恵まれ順調に発展します。

＊年数36（己亥）の幹の性質

率直で飾らず人情に溢れて思いやりがあります。他人のために親身になり、迅速果敢に行動して成し遂げるパワーの持ち主です。半面思い込みが強く直情的で、特に不安に対して過敏に反応しせっかちに行動するため、面倒な人と思われる心配もあります。寂しい思いをしないために、人に振り回されないよう、感情の起伏をコントロールすることが大切です。孤独な環境は悲観的になりやすいため、身近によい理解者がいることが安心です。

変わらない純粋な願いや思いを持ち続けていけば、清らかな泉に人が集まってくるように、信頼が深まり繁栄していくでしょう。

＊年数37（庚子）の幹の性質

頑固で動じない強い人に見られますが内面は柔軟です。人に対して否定的で悲観的な発言が多くなると、例え本質をついていても物事がうまく進まないでしょう。特に改革や改善をする時は根気よく丁寧に進めることが大切です。私欲もなく誠実ですが、ことを急いで強引に進めると誤解されて損をします。素直に内面の情熱や真剣な思いを伝えるためにプラスのことばや態度を心がけましょう。苦労や困難を粘り強く乗り越え着実に成し遂げていくと信頼がいきわたります。大河を渡るように力強く根気よく持続して、困難や難問を処理する力を発揮して信頼と成功を獲得しましょう。

＊年数38（辛丑）の幹の性質

冷静で威厳や貫禄があり、決められたことを着実に持続して発展し安定していきます。半面状況の変化に適応できず、また気分が乗らず意欲や熱意が希薄になると、安易に周囲に依存して努力を怠る心配があります。短気も頑固もマイナス要素です。恵まれた素質ですが、着実に日々の成長を積み重ねてこそ生かされます。若い時に優れた人に随い、地道に努力して実力を養い、やり始めたら長く持続する根気を養うことが大切です。急激な進展は望めませんが、実力に応じ、時に応じ、人に応じて努力していけば、協力者や支持者に恵まれて着実に発展し大成していく素質です。

＊年数39（壬寅）の幹の性質

環境に順応して周囲へ気配りし、面倒見も良いのですが、公平で正義感が強く、我慢の多い環境ではストレスが高まるでしょう。自由気ままに過ごせればよいですが、包容力や許容量を過信すると気力が途切れる心配があります。重荷を抱え過ぎないよう注意し、一人でも多く信頼できる味方をもち、日常を守る強い防波堤を築きましょう。しかし役割に対して責任感が強く、集団の秩序を守る意識が高いため、信頼され立場を確立します。守るものを明確にして、我慢強く頭上に日が当たる時を待ち、願う形を実現しましょう。自由でシンプルな生活を最終目標に、大らかに堅実な日常を保ち、願いに向かい蓄積し準備することが大切です。

＊年数40（癸卯）の幹の性質

環境に恵まれず身内の問題を抱える事も多く、早くに自立を目指す傾向があります。素朴で素直なため環境に逆らわず、淡々と日常を積み重ねていく堅実さがあります。温和で穏やかな良い人なので、友人や仲間など人間関係に恵まれ、苦労を乗り越えて発展していくでしょう。

でも人の好さが招く苦労は成功の後ほど深刻になりそうです。愚かな付き合いに惑わされ外見を飾ることや、浪費には注意が必要です。苦労した過去や支えてくれた周囲への思いを忘れず、早期に修正することができれば安泰です。夕陽は夜を教え木枯らしは厳しい冬を知らせる兆しと思い、良い時に蓄積し備えましょう。

易
日
年
月

＊年数41（甲辰）の幹の性質

上昇志向はありますが引っ込み思案があり、なかなか行動できず、知性を高めることに努力し、熱心に探求していくでしょう。書物や優れた人に感化されて知的好奇心が目覚めると、学びを深め資格に挑戦し、修業して技能を磨きます。勤勉で正義感も強く負けん気もありますが、着実に実績を積み実力を付け、長く続けるほどに認められて頭角を現してきます。逆に早く成功するとつらい挫折を経験しそうです。でも苦労や困難を経験することで用心深くなり、我慢強さも磨かれて安定感が出てくるでしょう。家族や守るものができるとさらに慎重になり、現実を大事に平穏で堅実な人生を築きます。

＊年数42（乙巳）の幹の性質

身近の人や環境に逆らわず素直で誠実な性質です。競い合うことや争いを嫌い、周囲と円満な関係を保ちますが、人間関係で我慢が多いと内心に不満や怒りを溜めそうです。しかし感情的に動くと損失が多く、強く抑圧された環境は極力避けた方が無難です。活発に見えて引っ込み思案なため、徐々に環境に順応し穏やかな面が強くなります。理解し合う関係では相手本位に行動し、自己主張も弱く平穏な生活を守ります。その分依存心も強くなり、向上心や発展への欲望が希薄になりそうです。趣味や一芸を長く続けると能力が磨かれ晩年の生活を豊かに彩ります。物欲も競争心も少なく人に恵まれて安定した人生を築けるでしょう。

＊年数43（丙午）の幹の性質

環境に左右されず明るく取り組むプラス思考の人で、発展への意欲が強く夢や理想に燃えて頑張るでしょう。時にはその激しい情熱が反発や抵抗を受けることがあります。自ら困難を引き寄せないよう、最後まで一貫してやり遂げる誠実さを示しましょう。華やかで商才もあり、夢を現実にする行動力もあります。成功する素質に恵まれていますが、厳し過ぎることばや態度が反感をもたれ、土台を失うような不運を招く心配があります。

優れた実行力をプラスに生かすために、率先して苦労に耐えて心を鍛え、共に苦労を乗り切るために味方を増やし、一体感を育てることが大切です。

＊年数44（丁未）の幹の性質

成功への意欲はありますが、円満な関係を好み争いを嫌うため、防衛的で優柔不断に見えます。有利不利や先を見通して判断するため、直観が働くまでは慎重になるのでしょう。温和で適度な社交性もあり、敵を作らないよう柔軟にふるまう賢明さがあります。それも若い時に環境に恵まれず、苦労をした経験から学んだことが多いのです。しかし安易に楽な人生を求め、初心の思いを変えるようでは信用や築いた土台を失う心配があります。大きな輝きはなくても、求める人の足元を照らす一筋の光となり、新たな道を開く力があります。最終的に穏やかで安定した生活に安らぎを見出すでしょう。

＊年数45（戊申）の幹の性質

勤勉な努力家で、コツコツと実力をつけて着実に実績を積み重ねていく堅実な性質です。組織や集団の中では、わき役や裏方として力を発揮し、徐々に認められて頭角を現すでしょう。雄弁でユーモアもあり、器用で多才な能力を発揮し、仲間内の面倒見もよく、まとめ役としての能力が引き出されます。また技術や知識を磨きプロフェッショナルな専門家として活躍する道も開けます。賢く知恵があり、計画やプランを具体的に立てる能力があり、徐々に重要な役割を担うようになります。ピークは中年以降にあり、成功を焦らず実力をつけて、充実した豊かな人生を築きましょう。

＊年数46（己酉）の幹の性質

柔軟に環境になじみ、周囲と調和していくために順調にステップアップしていきます。温和でおっとりした性質のため、実力の向上とともに徐々に頭角を現すでしょう。表現力が豊かで繊細な感性をもち、多才で器用なため緻密な作業も得意です。目標を持ち、高みを目指して研鑽する人は、目上や年長者に引き立てられ上昇していきます。マイナスに作用すると努力や競争を嫌い惰性的で退屈な人生になり、また口が達者で功を焦り、贅沢に走ると不安定な生活になり、行き詰まります。得意な能力を磨き、無用な争いを避け、危機を無難に回避できれば、立場も安定し経済的にも恵まれるでしょう。

＊年数47（庚戌）の幹の性質

若い時は潔癖で融通が利かずなかなか芽が出ないでしょう。良い縁に出会い結ばれると、それが転機となって苦労が報われてきます。男女に限らず共感と信頼を大切にする律儀さがあり、関わる人の絆を大切にします。身内や身近の人への情が深く、若い時は虚勢を張り、実力以上に無理をして苦労を背負う心配があります。また幸せを焦り実現を急ぐと、心が通わないまま報われない悲しい経験もしそうです。しかし失敗や苦労を肥やしに人を見極める力がつき、共感し信頼できる人間関係を築いて発展していきます。熟年期に安定と幸せをつかむ傾向があり、安定した平穏な晩年になるでしょう。

＊年数48（辛亥）の幹の性質

温和で他人を思いやる優しさがあります。他人に同情して実力以上に介入して余計な重荷を抱えます。また正義感や思い込みで直情的に動けば、自分の生活を犠牲にする心配もあります。環境に恵まれず、人を信じて裏切られ、報われない寂しさや苦労を経験するでしょう。三十代から四十代に転機があり、長く続けてきたことや、強く思い続けたことは活路が開け進展します。ひたむきに険しい道を歩き続け、晩年に大きな仕事に発展させる人もいます。一か所に留まれずなかなか安定しませんが、心からの安心を求める思いは一貫しています。

若い時の苦労は熟年期に花が咲き、晩年に熟した実となり報われるでしょう。

*年数49（壬子）の幹の性質

発展へのあこがれや夢がありますが、無理せず環境に順応して堅実に歩んでいきます。状況に応じて分相応に行動できれば、ゆっくりと未来が開けていくでしょう。あこがれや夢を追いかけて、成功を急ぎ無理をすると、経済的にもダメージを受け、孤独な状況に陥る心配があります。家族や家庭的な問題で苦労し、不自由な状況でも、大らかに着実に積み重ねていけばやがて安定して動けるようになります。器用で緻密な作業もこなし繊細ですが、優れた能力を生かすには、長期的な目標を立て持続することが大切です。無理せず環境に応じて思いを継続し、平穏で豊かな人生に到達するでしょう。

*年数50（癸丑）の幹の性質

変化に疎くスローなイメージですが、好機が来るまでは慎重で辛抱強く、動き出せば着実に進む粘り強さがあります。鈍くも見える動きは、慌てず焦らず、物事を達観している大物のムードが漂います。怒る時も威嚇することが多く感情は冷静です。無駄な動きを嫌い、決めたら変えない頑固者に見えますが、実際は謙虚で温和で穏やかで、信頼する人には従順で忠実でしょう。自ら切り開くより、状況に応じてできることを着実に実行して、堅実に実利を増やしていきます。逆に夢や憧れを追いかけて成功を急ぐと、時間とお金を浪費しダメージも深くなります。実力の向上に伴い、徐々に安定と信頼が定着する大器晩成の素質です。

＊年数51（甲寅）の幹の性質

仲間や友達に恵まれて平穏無事に青年期を過ごし、目上に可愛がられ敵を作らないので、辛抱強く努力を続けると、確実に上昇していく力があります。また家庭環境が複雑な時は、早々に自立心が芽生えるでしょう。熱しやすく冷めやすい直情型で、結果を急ぎ待つことが苦手です。障害に行き悩む時に、実力を過信して焦って無理な行動をすると、大きな挫折を経験しそうです。失敗し損失が大きいと以後の成功を遠ざけるため、謙虚に目上の忠告や指示に従い無理せず好機を測り行動することが大切です。遠回りでも安全な道を進めば、信用や実績を認められて伸び伸びと動けるようになり、安定していきます。

＊年数52（乙卯）の幹の性質

旺盛な発展の意欲があり、淡々と一途に自分の道を歩き、長く持続して安定した人生になるでしょう。興味や関心に向かい一生懸命頑張りますが、安易に考えて行動すれば紆余曲折して失敗し傷を負います。停滞したら無理せず止まり、周囲に調和し、順応していくことが安心です。失敗が続きまた逆境の時には、辛抱強く実力を磨いて良い時を待ち、失った信頼は、誠実に努力して回復を待てばやがてまた活躍する時が来ます。「二兎を追えば一兎をも得ず」を忘れずに、欲望を絞り込み、思いを強くもち事前の準備に時間をかけましょう。焦らず立場や礼儀や秩序を大切に進んでいけば、周囲に助けられ大いに発展していきます。

易
日
年
月

＊年数53（丙辰）の幹の性質

感受性が豊かで、意欲や願いを実現する機会や環境に恵まれるでしょう。決断力もあり、タイミングをつかみ、果敢に行動して道を切り開いていきます。好奇心が旺盛で刺激を求めて安易に行動すると、早々に厳しい挫折を経験しそうです。また周囲への感謝や謙虚さを忘れて慢心すれば、人生を誤り、成功する機会を失うことにもなります。しかし強い上昇の力があり、苦しさを転機の好機に変えて乗り越えることができれば、立ち直りも早く再び成功への道が開きます。若い時の挫折や苦労は心を鍛え磨いて、眠っている豊かな能力を引き出します。

感性を磨き、謙虚に誠実に行動すれば、人に引き立てられて成功へ導かれるでしょう。

＊年数54（丁巳）の幹の性質

柔順誠実で温和ですが、目的への達成意欲も強く夢に向かい努力していきます。環境の中で周囲の願いに沿い、受け身的に進路を決めて穏やかに歩む人は、家庭的で平穏な人生になるでしょう。憧れや夢に向かい、願いを強く持つなら、良い人や優れた人の影響を受けて実力を磨いていくことが大切です。妥協して悪い流れに乗ると、競争心や負けん気が強くなり、無理をして虚勢を張るようになるでしょう。成功を焦ると結局信用を無くして人生の時間を無駄に浪費してしまいます。不満の中で低迷しないよう、若い時の失敗に学んで着実に努力を続けると、中年期には願いが結実して報われるでしょう。

＊年数55（戊午）の幹の性質

環境に恵まれ願望がかないやすい幸運の持ち主です。人を集める魅力があり、発展へ向かう強運がありますが、自ら試練を求めて努力することがなければ、十分に素質を生かすことができません。実力を磨き、高い目標を持ち、良い仲間を持ち、達成意欲を高めていくことで大成していきます。環境に依存して慢心し努力を怠れば、家庭も安定せず、周囲に負担をかけて人生もお金も浪費するでしょう。健全な欲望は発展の原動力となり、高い志をもち果敢に行動していくことで発展し成功していきます。恵まれた素質や機会を生かし、実力を磨き、積極果敢に繁栄と発展を目指しましょう。

＊年数56（己未）の幹の性質

明るく温和で受け身的な従順さがあり穏やかな性質です。発想は柔軟で、豊かな想像力と優れた美的感覚を持っています。ひらめきや直観力があり、ものごとを一歩離れて客観的にみる冷静さがあります。苦労の時はこのような長所を引き出す好機です。恵まれた環境では苦言や忠告を嫌い、人におだてられ乗せられて、無謀な投資や遊興に時間やお金を浪費する心配があります。家族や親しい人間関係を大切にして、欲望や願いを絞り込みましょう。優れた指導者の下で研鑽して夢を成就させるのも、良い伴侶を得て幸せに暮らすことも、豊かな長所を生かすことで大いに発展する可能性があります。

*年数57（庚申）の幹の性質

青年期まで苦労や我慢をした経験を土台に、実力や技能を磨いてその後の人生を着実に積み重ねて成功します。心を高め励まし合う良い仲間や良い人間関係を築くことが大切です。智略に優れ、人をまとめ率いていく優れた資質があります。逆に不平不満を抱き努力を怠れば低きに流れて低迷するでしょう。味方や身内には親身に尽くして面倒見がよく、部外者に対してはシビアです。負けん気が強く見栄っ張りですが、ユーモアもあり陽気で盛り上げ上手なので、良くも悪くも存在感があります。損得や利害に走らず日々実績を積み上げて認められ、悠々自適の晩年を築くことができるでしょう。

*年数58（辛酉）の幹の性質

若い時は窮屈な環境で思うように行動できないことが多く、無理をすれば紆余曲折して苦労が増すでしょう。環境に柔順に日常の中で変化を求めて研鑽し、技能を磨いていく中で高い境地に到達するでしょう。半面、肩書や経済力で価値判断をして、堅実な人生を選ぶこともあります。環境への不満を溜めず、興味や関心を深め努力するとやがて実を結び、報われて活躍する時が訪れます。逆に楽をして熟した実をとるような恵まれた環境では、努力を怠り惰性的になって優れた能力が磨かれません。自分を高める良い習慣を持ち、着実に持続して、高く深い見識を養い、上に立つ人、改革者となる素質を引き出して高みを目指しましょう。

＊年数59（壬戌）の幹の性質

温和で人間味が豊かなバランス感覚の優れた性質です。環境の適応力が優れ、下に厚く、上には忠実で、良い人と交流して人脈を築き、実績を積み重ね、安定した人生になるでしょう。

三十代～四十代に転機が訪れ、その後の明暗を分ける大事な決断を迫られそうです。受け身的に求める力が強い方へ流れる傾向があるため、選択を誤ると不安定な晩年にもなります。一貫した姿勢を崩さず堅実に実績を蓄積していく意識が大切で、意思を強く持つことが大切です。誠実に信頼できる人間関係を選び持続していくことが、平和と安定を維持して、豊かで安らかな晩年の幸せを築くでしょう。

＊年数60（癸亥）の幹の性質

願望や発展への情熱をもち、辛抱強く思いを持続して成就する執着心があります。じっくり時間をかけて繁栄する晩成運なので、早く望みがかなうとそこで安定して上昇できないでしょう。若い時は環境に恵まれず苦労する人も、恵まれた状況の人もいますが、共に環境に順応して無理をしません。

正義感が強く思いも純粋で、信じた道を迷わずに進むことで最後には豊かな人生に到達します。でも好調に慢心して自己中心に行動をすると、築いた実績を台無しにして孤独な晩年にもなります。公私のパートナーと誠実な関係を持続して、心が安らぐ穏やかな生活に幸せを求め安住するでしょう。

月の干支数（月数）は
樹木の外観となる枝の性質

月数は枝の性質で、枝になる葉や花や実は他から見える外観であり、主に社会で関わる人間関係や行動に現れる性質です。

*月数1（甲子）の枝の性質

頭もよく発想も豊かですが、引っ込み思案で臆病なため、出遅れて好機を逃がしそうです。悲観的な考え方や批判的な言動で気難しく見えますが、内面は情熱や意欲に溢れ純粋です。豊かな潜在能力に早く気付き、勤勉でまじめな長所を生かして、着実に実力を磨き自信をつけることが大切です。繊細な神経の持ち主で、自尊心が傷つくと攻撃的になり、短気な行動は挫折や失敗につながります。長期的な目標をもち、困難に負けず根気よく続けていけば、確実に評価や信頼が高まり、願う以上の成功や幸せをつかむことができます。

*月数2（乙丑）の枝の性質

表面は温和で、威厳と品格がありますが、腰が重く行動が遅いと思われそうです。頑固に見えて行動も慎重で無理をしませんが、金銭感覚はシビアなようで大雑把です。変化に疎く率先して動くのは苦手ですが、決断すれば粘り強さを発揮して簡単にはあきらめません。目上に引き立てられて、守備的な分野で能力を生かし、地道に努力を続けると信頼が深まり発展していきます。逆に成功を急いで功名心で強引に動くと失敗し、実績や信用を失います。安易に楽を願わず、またあれもこれもと手がけて責任を抱え込まないことが安心です。願いを絞り込み、手掛けたことを着実に持続すると、穏やかな安定を得られます。

＊月数3（丙寅）の枝の性質

一見気むずかしそうですが、内面に活気があり仲間への気遣いができて公平な性質です。面倒な準備や根回しが苦手で、思い立つと勢いに任せて行動して停滞や混乱を深めそうです。つらく悲しい思いをしないよう、事前に準備し手順を踏んで実行することが大切です。周囲の理解と協力は成功するために不可欠です。状況やタイミングを大事に、冷静に機会を待つことができれば、信頼されて自ずと道が開けてきます。願う未来をつかむために、苦労の後に楽があり、周囲の協力は成功の条件と心に刻み、苦労を乗り越えましょう。プラス思考で好機を待って動けば、光に満ちた未来が開けてきます。

＊月数4（丁卯）の枝の性質

穏やかで人当たりもよくソフトな印象で、意欲や向上心があり、目的に向かい淡々と頑張ります。一本気ですが誠実で素直なために好感度も高く、交流が広がり人間関係に恵まれるでしょう。目指す目標を明確にして、共感する支持者を持つことが発展につながります。様々な応援に励まされ、頑張る勇気や根気が磨かれます。弱点は楽観的で警戒心が希薄なことです。

さらに単独で自信過剰に行動すると失敗や挫折を招きます。冷静にリスク考え、周囲の人に協力して信頼関係を築きましょう。そして望む目的に向かって自分の役割を果たすことが、発展と安定につながります。

易
日
年
月

*月数5(戊辰)の枝の性質

好奇心が旺盛で探求心や向上心が強く理想も高いでしょう。理論派で議論になると攻撃的ですが無駄を嫌うところもあり、相手に合わせて修正する感性もあります。潔さと清々しさを好む性質を大切に、無駄に摩擦を起こさないよう円満な人間関係を築くことが大切です。

短気に決めたことや自信過剰に行動すると、判断を誤り行き詰まる心配があります。感情を抑えて客観的に状況を眺めるように、心の余裕を持つことが失敗を未然に防ぐ方法です。

目先の変化に動揺して動かずに、優先することを見極めて冷静に行動できれば、頑張り屋で行動もパワフルなので、大いに発展して成功をつかめるでしょう。

*月数6(己巳)の枝の性質

秩序や規則を大事に誠実に行動するため、周囲の人や環境に恵まれ順調に発展するでしょう。向上心や成功への意欲は高く、知性豊かな人や優秀な人を好み、理解を深めようと努力します。相手への思いが過ぎて干渉や制約が強くなると、息苦しさを与える心配があります。

純粋な思いが誤解されないよう、信じる人には疑いや迷いを極力抱かず、大らかな心でいることが大切です。価値観や秩序が通じる人や環境を大事にして、本来の温和さと聡明さを発揮し、ストレスの少ない平穏で安定した生活を築きましょう。

＊月数7（庚午）の枝の性質

朗らかで社交性があり、成功への意欲も十分で、積極的に行動して交流を広げます。プライドが高く負けず嫌いですが、細心で用心深いために無駄な争いはしません。謙虚に自分の力量を見極めて必要な実力を磨き、堅実に日常を積み重ねて信頼関係を築くでしょう。

本心の願いを大事に、無理をして虚勢を張らず、客観的で冷静な判断ができれば、災いに巻き込まれることは少ないでしょう。

優れた人に随い、良い友や仲間と交わり、日々の終わりに清々とした心を取り戻すことで、明日の行動の目安が立ち、失敗を防いで安定した人生を築きます。

＊月数8（辛未）の枝の性質

柔和で穏やかで社交性がありますが、内面には強いこだわりがあり、頑固で意地っ張りでしょう。若い時に苦労や不遇を経験すると、外に対して防衛的になりそうです。本心を出さず流れに逆らわず、外見の柔和さに似合わず淡々と自分流に生きる強い性質です。

得意な技能を磨き実力を養えば、大きく発展する力がありますが、幸運に依存した苦労のない成功は長続きせず、逆に味方の信用を失い低迷します。変化に惑わず流れに協調して、不遇な時にもしたたかに強い精神力で乗り切りましょう。現状を受け入れて努力を続けると、徐々に信頼を獲得して認められ、大きな成功をつかむ素質があります。

易
日
年
月

*月数9（壬申）の枝の性質

やりがいを大事にして真剣に取り組みますが、関心がないことには無頓着なため、派閥意識の強い人にはやり難い相手と映りそうです。私利私欲や競争心で成功を焦ると、排除したい人の思うつぼにはまります。良い人間関係を広げて信頼関係を深めることが大切で、実力を磨き実績を重ねていくことで着実に成果を出していくでしょう。温和でユーモアもあり、謙虚な姿は好感をもたれます。困難な時や不遇な時は、敵対して争えば傷つくだけ損失と思い、信頼できる人たちを信じて、したたかにそして明るく好機を待つことが安心です。良い人や機会に恵まれて、温かで穏やかな晩年の生活を築くことができるでしょう。

*月数10（癸酉）の枝の性質

円熟した安定感があり、ルールや秩序を大事に行動して無理はしません。環境の中で創意工夫に励み、安定した幸せをつかむことができるでしょう。几帳面でまじめな倹約家ですが、堅実な日常の反動から、中年期に浪費や恋愛で発散する心配があります。秘かな憧れから誤った方向へ進むと築いた土台を失います。優れた美意識がありプライドも高く、若い時から趣味や特技を磨き、内面の豊かさを磨くことが、日常を彩り平和な人生を守るために役立ちます。

外見の輝きや衰えに惑わず、本来の堅実さや器用さを生かして、多彩な表現力を磨きましょう。豊かさと安定を保ち幸せな人生を築くことができます。

＊月数11（甲戌）の枝の性質

物事を悲観的に考えず大らかでプラス思考、明るく穏やかなため、好感度が高く交友関係も広がります。安定した環境であれば仕事も意欲的に取り組むでしょう。

人にこびない潔さがあり、時には正論を主張して意見の衝突もありますが、基本的に争いを好まず円満に収めようとします。少々大雑把で面倒を嫌い深刻な話は苦手です。しかし内面はプライドが高く意地もあり、表面は温和にやり過ごします。嫌いな相手に心を許さない頑固さがあり、へそを曲げると厄介で面倒な人にもなりそうです。不利な時は潔く引き、良い変化を待つことで身を守り、穏やかな安定した生活を保ちましょう。

＊月数12（乙亥）の枝の性質

パワフルな印象があり、表現も率直で飾らないため、威勢がよく強気に見られます。本当は謙虚な上に臆病なほどの心配性で、弱い者を労わり上にも下にも気を遣います。八方美人に見られがちですが、身近の人には信頼され好感をもたれるでしょう。しかし太陽が真上にある時から、日没への不安でもあるように性急な動き方をするため、パワーがある分周囲に恐れを抱かせます。思い込みの強さや不安から衝動的に動くことに注意して、ありのまま素直な明るさを発揮しましょう。堅実に蓄積し、冷静に持続力を養うことができれば、豊かさに導かれる素質を生かして、安定した幸せを築けるでしょう。

*月数13（丙子）の枝の性質

明朗活発な印象の中に冷静さと知性を備え、大らかに見えて緻密で駆け引きも上手です。流れを読み、相手に一歩譲って交渉を進める巧みさと、無理せずできる事から実行する賢明さがあり、実績を根付かせていきます。

責任がある立場では、皆の利益を考えて実力を発揮し大成する力があります。目先の利益に走り、私欲だけで動くと激しさがマイナスに働き、一気に土台を失う心配があります。熱しやすく冷めやすい点も注意が必要でしょう。柔軟に状況に応じ、流れに逆らわず努力を続ければ、人に恵まれて大いに発展する力があります。

*月数14（丁丑）の枝の性質

物事に動じない肝が据わった大胆な印象ですが、温和で柔軟な社交性があります。威圧的で強気に見えて安易に動かない冷静さがあり、無理をしないため大きな失敗がありません。

思慮深く見えるのは慎重で腰が重いからで、実際は深く考えるよりひらめきで動くタイプです。直観力や洞察力は鋭く、人を見抜く目があり、有利に持ち込む駆け引きも上手です。

マンネリを嫌い、面倒なことも嫌いで、楽な方へ流れてしまうと能力が磨かれません。具体的な夢や目標をもち着実に持続すると、人に恵まれて発展していきます。気の合う人と思いを共有して、果敢に未来を開き願いを実現しましょう。

＊月数15（戊寅）の枝の性質

率直快活で、夢や目標ができると実現のために精力的に行動します。好奇心も旺盛で発展への意欲も高く、周囲に存在感を発揮します。斬新なアイデアを生む想像力がありますが、その分細かな規則や原則も軽く見て、無駄に摩擦を起こす心配もあります。弱点を補う良い仲間と共に進むことで、大らかに伸び伸びと長所を伸ばして、能力を発揮することができるでしょう。

仲間思いで潔く明朗なため、好感度も高く人を惹きつける魅力があります。目標を明確に持ち、積極的に人と交わり語り合う中で、良い人必要な人を見極めて絆を深めましょう。良い仲間が集えば、自然にリーダーとして力を発揮して、大きく発展し成功する素質があります。

＊月数16（己卯）の枝の性質

はつらつとした活気があり大らかで明るく円満な性質ですが、表面の柔和さほど人に馴染まずマイペースに行動します。情報も幅広く発想も豊かで、関心を持つと即行動して突き進む一本気な面があります。アイデアや直観力に優れ、豊かな感性もあります。根気と持続力を養えば、相当の仕事を成し遂げるでしょう。半面慎重さや事前の準備を怠って性急に動くと、惜しい所で行き詰まります。しかし失敗しても潔く切り替えるタフさがあり、大きな痛手を負うことは少ないでしょう。失敗を何度も繰り返すと信用を失うため注意が必要です。興味や分野を絞り、着実に完結する強い思いを持続できると、願いを実現し発展します。

*月数17（庚辰）の枝の性質

理想もプライドも高く無駄を嫌って合理的に考え、あいまいな態度を嫌い、目標を明確にする人を信頼し共感します。勢力を競い合うことより、方向を明確にして周囲の理解を得ることを大切にし、信頼で結ばれた人たちと、共通の願いに向かい努力することにやりがいを見出します。弱い者に温かく、強い者に逆らわず、短気は損気と戒めて円満な関係の中で好機を待てば、願いを実現する道が確実に開けます。共感し信じたら結果を焦らず、自分にできる努力を誠実に続けましょう。

目先の利益に惑わず、信じた相手に誠実に献身的に尽くすことで、強い絆に結ばれて幸せをつかむでしょう。

*月数18（辛巳）の枝の性質

派手さがなく堅実に見えますが、内心には豊かな好奇心がありスリルへの憧れがあります。でも実際も見た目通り常識を大事に筋道に沿い金銭感覚も堅実です。不遇な環境や理解されない状況もありますが、誠実に実績を積み重ね、着実に責任を果たして信頼され支持されていきます。相手に柔順すぎて依存心が強くなりやすく、自発的に考えて行動ができなくなる心配があります。逆に内心で願う夢や冒険に走ると金銭的にも安定を失い、自信を失えば寂しさや疎外感を強く感じそうです。受け身で臆病な心は逆に守りと思い、大きな野望も抱かず、良い人と交わり素朴に信頼を持続することで、安定と平穏が約束されるでしょう。

＊月数19（壬午）の枝の性質

明朗快活で、人を惹きつけ慕われる好感度の高い性質です。表面は温和で大らかに見えますが、仕事面では結構細かく、無駄を嫌い、経済の立て直しなどのセンスがあります。半面自分の財布には無頓着で浪費傾向もあり、周囲に細かなことを指摘し過ぎると、人に厳しく自分に甘いと思われそうです。反発や誤解を防ぐには、身近に賢明な相談相手を持ち、実行する前に意見を聞くこともよいことです。面倒見がよく交流も広がりますが、信頼できる良い人を見極める目が大切です。良い時に親しむ人の多くは、苦しい時に離れる可能性があります。少数でも特別な絆で結ばれた強い信頼関係を築ければ、安定を長く保つことができるでしょう。

＊月数20（癸未）の枝の性質

温和な中に威厳があり、周囲を包むように温かな存在感があります。社交的で好感をもたれますが、深刻な事や厳しさを嫌う傾向があり、受け身的で依頼心があり、安易に楽な方へ流れると段々信用を失い、自分に甘い人と思われそうです。興味のあることを素直に伸ばして実力を養い堂々と得意分野を持ちましょう。直観力に優れ人を見る目もあり、幅広く交流する中で認められ、見込まれて発展していきます。良い縁に恵まれると本来の温和で柔順な長所が生きて、円満で安定した生活を築けるでしょう。人の信頼はお金以上の財産と思い、誠実に持続して幸せと安定をつかみましょう。

易
日
年
月

＊月数21（甲申）の枝の性質

明るくユーモアもあり活発な外観を持ちますが、内面は内気で傷つきやすく、素直に本音や弱音が出せません。家庭環境に恵まれ可愛がられて育った人ほど我慢や辛抱が足らず、身近の特定の人にいら立ち、反発心をジャブのように打ち出しそうです。小さな身内の反目なら共通の守るものに対しては協力もできます。そして徐々に互いの役割を認め合い信頼が築かれます。家庭や仕事など守るものが明確になると自分の役割が見えてきます。日常の役割を着実に行い持続して小さな達成感を味わうことが大切です。徐々に自信が根付き認められる喜びを実感できます。行動と思いが一体となり安らかな幸せが築かれるでしょう。

＊月数22（乙酉）の枝の性質

柔和で優しく柔順で、秩序やルールを守り、環境に順応し誠実に対処するため周囲に信頼されます。でも内面は結構頑固で融通が利かず不満を溜めそうです。また安定になじむと上昇意欲が希薄になり、改革や改善に消極的で惰性的にみられる心配があります。人間関係に波風を立てず円満に収めようとすると、思いが伝わらず悩みそうです。都合の良い人にならないよう、ことばで伝えことばで確認する積極性を磨きましょう。流れに逆らわない点は低い流れに逆らえないことでもあります。陰で不満を言うことのないよう、意見や要求を明確に示す勇気をもち、行く時止まる時を測り、悔いのない人生を築きましょう。

＊月数23（丙戌）の枝の性質

一見地味で目立たちませんが、行動力があり最後までやり遂げる責任感があります。上には公平で潔さもあり必要な提案や改善に努力し、忠実に働くので信頼が定着していくでしょう。身内や仲間思いで内面に情がありますが、守る意識が強く常識の中で行動するため、思うほどには冒険ができません。関わることには果敢に改革する実行力がありますが、大きな野心もなく堅実に責任を果たして確実で安定した状況に落ち着くでしょう。華やかさに惑わず素朴な生き方を好み、強い者に敢えて逆らわず、弱者に対しては寛大です。融通が利かない頑固な生き方ですが、地味ながら人望もあり安定した生活を築くでしょう。

＊月数24（丁亥）の枝の性質

穏やかで謙虚で包容力がありますが激しく熱い感情を秘めています。直観力に優れ先の不安に対して警戒心を持ちますが、先走りや思い込みが強い点は注意が必要です。また思い立つと即行動する性急さに驚かされますが、多くは守るための行動です。

自分の思いに没頭して周囲の感情に気付かず、心がすれ違えば寂しい思いをします。先走らずよく語り合い、相手の意向や気持ちを知り、自分の思いを率直に伝えて理解を深めましょう。状況や変化を察知して必要な決断や改革を冷静に実行していけば、温かな安定した生活を築けるでしょう。

易
日
年
月

*月数25（戊子）の枝の性質

一見地味な印象ですが内面にきらきらとした輝きを感じさせます。堅実で着実な日常を積み重ねて、責任や目的を果たす根気があります。緻密に計画を立て、細心に実行していけば成功や発展を導き、繁栄と安定をつかめるでしょう。否定的な考えやマイナス思考に陥らないよう、明るくプラス思考に徹して寛大な心を保ちましょう。未来には豊かでロマンに満ちた希望が生まれ、小心で臆病な面は警戒心を育て、確実な実行力が引き出されます。

仲間や友を大切にして賢明な人を見極めて交流を深めましょう。現実の困難をバネにして励めば、人に恵まれ自然に望む世界へ導かれていきます。

*月数26（己丑）の枝の性質

大胆さと冷静さがあり安定感がありますが、内面は夢多いロマンチストでしょう。大きな目標や願いに向かう時は、急いで動かず本心の願いかをよく考えることが大切です。情熱に駆られて強引に行動すると、反発や争いを生んで行き詰まります。深い喜びは我慢し待望して達成した後に生まれます。深い喜びを得るためには、日ごろから欲望を加減し、自制して無用なものと無駄なものを省き本心の願いに気付くことです。そして周囲の理解を得て実行すれば、伸び伸びと活躍し実現することができます。我慢強く自分を甘やかさず進めば、必ず朝日に輝く喜びあふれる明日を迎えられます。

＊月数27（庚寅）の枝の性質

差し迫った問題は判断や決断が早く、潔く行動します。でも大きく長いスパンの問題には慎重で、例え窮屈な環境や状況でも思いを持続して、着実に実績を積み上げていきます。自由で活動的ですが、周囲を巻き込まないよう柔軟に動きます。そんな穏やかな外観は周囲の人に安心感を与えるでしょう。思うことは簡単にはかないませんが、結果的に周囲に応援されて願いがかない報われるでしょう。逆に自分の欲を優先して性急に動くと判断を誤り、信用を失うと後が苦しくなります。着々と静かな勢いを持続して確実に願いを実現し、温かく穏やかな安住の地にたどり着くでしょう。

＊月数28（辛卯）の枝の性質

目前の事を淡々と続ける素直さがあり明朗で柔和な印象ですが、内面は現状に満足せず未来を模索して意欲的です。発展や成長への思いが強く自己評価も高いので、現状に不満を持つと些細なことでやる気をなくす心配があります。確かに理想や夢を前進させる勢いがあり、大きな発展も望める勢いがあります。前向きな意欲を着実な形に実現するために、まず目的や目標を明確にして、動く前に必要な技術や知識を習得しましょう。社会の厳しさは勢いだけでは越えられず、甘く考えると手痛い挫折を経験することになります。本心の願いに気付いて備わる活気を生かしてください。

易
日
年
月

＊月数29（壬辰）の枝の性質

純粋で汚いことを嫌い私利私欲で動かない潔さがあります。群れることを嫌い一見近づきがたいムードがありますが、内面に豊かな感情があり、親しめば気さくで人情味があります。

プライドが高く、格好悪い事が苦手なため、やせ我慢や見栄を張ることがあり、金銭的な損失もしそうです。思いや信条を分かち合える精神的な絆を大切にして、温かな信頼に包まれた生活を幸せと感じるでしょう。心に響く刺激を求めて活動し、冒険心も旺盛ですが、探求心が高じると安定した生活を壊して晩年に寂しい思いをします。良い時に蓄積に励み、余裕の中で心豊かな繁栄を築きましょう。

＊月数30（癸巳）の枝の性質

受け身的で身内思いで守る意識が強く、強く信じた人や決めた生き方には、一途で献身的に働くでしょう。思い込みが強く融通が利かない頑固さがあり、判断が遅れると軌道修正が利かず困難な状況にもなります。また内面に理想や情熱があり、強い思いが行き場を失くすと、誤った執着心に発展しそうです。生き方に共感できない人や仕事なら潔く引いた方が賢明です。

公平で理想を持ち頑張る人は良い理解者になり、柔順で誠実なあなたの良いパートナーになるでしょう。生きがいや共感で選択すれば、果敢に決断して冷静に行動する長所が磨かれ、実り多い生活になるでしょう。

＊月数31（甲午）の枝の性質

明朗で好感度が高く華やかですが、内面は柔順で優しくまじめです。若い時は単純なあこがれや希望が原動力になり行動しますが、計画性がないため、たちまち現実に直面して苦労しそうです。しかし目上にも可愛がられる得な性質で、堅実に実力をつけることで安定していきます。恋愛志向で出会いもあり、早くに家庭を持ちまた独立を望む傾向があります。

家庭生活は安らぎと励みになり、仕事や外向的な活動にも意欲的です。しかし刺激や負荷が多いと心身のバランスを崩す心配があります。外見ほど精神的にタフではないので、極力シンプルな生活を目指し、平和で穏やかな安定した生活を守ることが幸せです。

＊月数32（乙未）の枝の性質

温和でおっとりして楽天的なムードですが、決められたことは着実にやり遂げるでしょう。置かれた状況に柔順なため周囲の人に好かれ、競争心も弱く人と敵対することを嫌います。

環境に順応して円満な人間関係を作りますが、その分自分を伸ばす機会を逃がす心配があります。現状に見合う技能や資格を取得するなど、堅実に実力を磨くことは、平穏な安定した幸せな生活への近道です。意欲や勢いに任せて現在の実力以上の夢や欲を求めると、始めは順調でもやがてキャパオーバーになりバランスを崩します。重荷を抱え込まず大事なものを絞り込むと安定し、本気の夢を実現する力となるでしょう。

*月数33（丙申）の枝の性質

明るく活動的な中に柔和な優しさがあり、一目置かれる存在感があります。

義理堅く、身内や仲間思いで面倒見が良いのですが、自分は人に干渉されることが苦手で、多くを求めず堅実に自分の道を進みたいと思う職人気質があります。短気な面や面倒は嫌う所がありますが、途中で投げ出さない限り着実に実績を積み重ね、良い人と交わり強い人脈を築き、信用と安定を獲得するでしょう。そこに至るには、七転び八起きの改革の苦難もあり、生み出す苦しみも伴うでしょう。持ち前の探求心を磨き努力を続ければ、リーダー気質が生かされて、平和で安定した生活を築けるでしょう。

*月数34（丁酉）の枝の性質

活動的で身軽に動きますが、内面はおっとり型です。集団のルールや秩序には柔順で、環境に順応して継続するほどに実力も伸びていきます。

自分の役割には謙虚にひたむきに取り組みますが、急な変化や動きにはなじむまでに時間がかかり、ストレスを溜めてしまいそうです。人が退屈と思う地味な仕事も淡々と続けてやり遂げ、逆に変化がない方が安定して実力を磨いていけるでしょう。融通性に欠けますが、長く持続することで着実に能力を伸ばし実績を積み重ねるでしょう。良いパートナーに恵まれ安心できる環境では、素直さや柔軟さが磨かれて安定感が増していきます。

＊月数35（戊戌）の枝の性質

温和で穏やかですが、クールさもあり率直で飾らず爽やかな性質で、環境に恵まれ良い人間関係を築いていきます。変化に疎く融通の利かない一本気な面がありますが、謙虚で義理堅く、損得には公平で誤りは潔く認めて無理強いはしません。仕事には忠実ですが従順過ぎると信頼を損ない、また細かな努力を見過ごして結果で安易に判断すると周囲に反感を持たれます。

身近の人の協力で安定があることを忘れず、親身に語り合い情報を共有して信頼を定着します。上昇意識や目的を明確にもち持続していけば、順調に道が開けてきます。好感度が高く人望もあることを素直に生かしましょう。

＊月数36（己亥）の枝の性質

表面的には明朗快活、率直で人間味が豊かですが、内面は不安への直感が強く警戒心をもっています。他人思いで誠実に責任を果たしますが、思い込みが強く短気でせっかちに思われると、心が行き違い寂しさを味わうでしょう。孤独感から悲観的な考えに陥ると、本来の純粋さがマイナスに働いて、結果的に自分を追い詰めてしまいます。周囲の思惑に振り回されて先走らず、変わらず清らかな泉のような心を静かに保つように感情をコントロールしましょう。

求められ望まれて動いても常に変わらない思いは行きわたり信頼が深まります。良い理解者を求めて安心の中で安定した生活を築きましょう。

易
日
年
月

*月数37（庚子）の枝の性質

明朗さに欠けるムードがあり頑固で強い人に見られますが、内面は柔軟で柔順です。人に対して否定的で悲観的な発言に注意し、丁寧に説明し根気よく物事を進めていけば、相当人間関係は良くなります。私欲がなく誠実で頭もよくアイデアも優れていますが、性急に動き根回しが不足すると、協力を得られず反発されてうまく進みません。難しい問題ほど謙虚に慎重に丁寧に行うことが大切です。豊かさや楽しさを望むことに罪悪感を感じず、素直に自然な望みと思う方が楽です。得意な能力を生かし無理せず着実に実績と信用を重ねていけば、自然に豊かな生活に導かれていく力があります。

*月数38（辛丑）の枝の性質

人を惹きつける魅力があり、威厳も風格もあるため人の忠告に耳を傾けない頑固な人にも見えます。でも楽天的でのんきでもあり、強気なことばの影で周囲の人に気遣いして柔軟に行動します。どちらかというと受け身的で守る意識が強いでしょう。日常の中で優れた人を選び素直に随う従順さがあります。地道に努力を続け確実に実績を作り、信用を重ねていくことで協力者や支持者に恵まれ、徐々に実力を発揮していきます。物事を急いで強引に進めるとうまくいかないことが多いでしょう。静かに着実に、謙虚に持続していく姿勢が、素質を生かして大きな発展へつながります。

＊月数39（壬寅）の枝の性質

潔く切れの良いさっそうとした印象があります。組織や集団の秩序を守り、仲間意識も強く信頼されます。一本気で好き嫌いが強く、嫌いな人には極力無関心を装い深入りしません。

細心臆病で危険な空気を感じる直観が働くのでしょう。

単独行動は好きですが、慣れた人や場所は安らぎがあり、無用な冒険を好みません。一本気で正義感が強く自分の役割を果たすために頑張りますが、見かけほど精神的にタフでなく、許容量を超えるストレスに注意が必要です。無理せず自然体で過ごす時間を増やし、心の平穏を守るために守る者を意識して、平和で温かい人生を築きましょう。

＊月数40（癸卯）の枝の性質

温和で和やかなムードがあり好感をもたれるでしょう。環境に順応して淡々と努力する堅実さがありますが、見かけほどに融通が利かず変化に疎い傾向があります。純粋で人が好く面倒見も良いので、好調に気が緩み付き合いで出費が増しそうです。危ない時に忠告し助けるのは身近の人たちです。好調な時ほど慢心しないよう、共に苦労を乗り越えた仲間や家族への思いを強く持ちましょう。良い時に蓄積を心がけて、厳しい状況に耐える力をつけることが大切です。自ら苦難を招かないよう、堅実な日常を保ち、守るものを見失わなければ平和で幸せな人生を築けるでしょう。

*月数41（甲辰）の枝の性質

活発で利発ですが引っ込み思案で繊細な面があります。必要な知識や勉強に時間をかけるので簡単に実行できませんが、その分確実に達成する実力が備わるでしょう。成功を焦り中途半端に行動すると、つらい挫折を経験しそうです。競争心に惑わず、負けん気を自分磨きに向けていくことが安心です。学び鍛えることが好きで、素直さと勝気さがかみ合うと目上にかわいがられ引き上げられるでしょう。早く芽が出ると上昇意欲続かなくなります。安易に到達点を決めず、心を安定させて無理せず自分磨きを続けましょう。長く続けるほどに実力が向上し豊かな晩年を築けるでしょう。

*月数42（乙巳）の枝の性質

明朗活発で意欲や情熱を感じさせますが、周囲からは謙虚で慎み深く思いやりのある人と思われるでしょう。元々競うことや敵対することを嫌い、引っ込み思案で出しゃばることや仕切ることが苦手なのです。良い人間関係に恵まれると、誠実で献身的に行動し周囲にも助けられます。窮屈で抑圧された環境では息が詰まり、我慢が続くと人への怒りが溜まります。

根に持って感情的に行動すると損失が大きいでしょう。無理せず良い理解者を求め立場やお金より心の平穏と思う方が無難です。心が安定すると長所が引き立ち実力や能力が磨かれて、経済も心も安定していきます。

＊月数43（丙午）の枝の性質

華やかさがあり、明るく活発で成功や発展への意欲が高く、夢を現実にするために果敢に行動します。金銭感覚はシビアで財テクのセンスもありますが、ケチではなく使う時はぱっと使う潔さがあります。もし華やかさにひかれて外見にお金をかけだすと、逆に思いは低きに流れて低迷しそうです。具体的な目標を持ち一貫してやり遂げる強い信念を育て、誠実に行動すれば相当の高みに上る素質があります。独断専行する強引なやり方は反発が強くなり、一気に土台を失う心配があります。率先して苦労を耐えて理解者を増やし、柔軟さと包容力を磨いて明るく前向きに夢を実現する力にしましょう。

＊月数44（丁未）の枝の性質

温和で優しいムードがありますが、内面は案外頑固です。若い時は直情的な行動で苦労をしますが、探求心が強く学ぶ姿勢があり、軌道修正できれば柔軟で穏やかな性質が表れるでしょう。女性は気配りができる社交上手ですが男性は茫洋として寡黙な人が多いでしょう。動きがスローで優柔不断にも見えますが、直観が働けば機敏に行動し表現力も豊かです。焦りや性急な動きは失敗することが多く、何事もじっくり続けることで実力が向上していきます。

シャンデリアの輝きではなく、必要な人を照らす一筋の灯りとなり、適度に人を温め和ませ、存在感を発揮して安定するでしょう。

*月数45（戊申）の枝の性質

まじめで堅実なやり手のムードがあります。仕切り役や幹事など人をまとめる役を的確にこなし、作戦を立て手順を整えて計画的に動くため、信頼され組織の中で重宝がられるでしょう。義理堅く責任感があり周囲への気配りも怠りません。多才で器用な上表現力が豊かで雄弁です。

リーダー的な素質は十分ありますが、若い時は人の話を聞かず指図を嫌い自信過剰で強気に見られます。こだわりが強く意見や批判を率直に言うためで、実際は上の指示には柔順です。

発展の意欲を表に出さず、ゆっくり上昇する方が長く安定します。実績を重ねていけば徐々に実力を認められ頭角を表します。

*月数46（己酉）の枝の性質

おっとりして温和で、繊細な感性を持ち、風流を好むロマンチストです。

精巧で緻密なものに惹かれ、技能を磨けば得意分野にもなります。器用で多才な人が多く、目上に可愛がられ努力も実力も正当に評価されて、堅実に良い習慣を保てば平穏で豊かな安定した生活が望めます。慢心して努力を忘れ、わがままや口達者になり忠告も聞かず、遊びや贅沢に気移りすると信用も安定も崩れてしまいます。勤勉な日常に疲れたら、旅行やグルメや芸術鑑賞などは息抜きになり、また趣味を深めることも心の安定を助けます。良いものを見極める目をプラスに生かし高みを目指しましょう。

＊月数47（庚戌）の枝の性質

温和で穏やかですが、内面は融通が利かない頑固さがあります。率直で公平ですが、若い時は環境に恵まれず、不利益を受けたり自尊心が傷つくこともあるでしょう。情に左右されやすく、実力以上に人に尽くし肩入れして、余計な重荷を背負う心配があります。安易に遊びの恋をすることも悲しい思いをしそうです。焦らず生活設計を立て着実に実現する中で人を見る目も確かになり、実力の向上と共に、心の通う信頼できる人と巡り合うでしょう。もし若い時に良い人と出会い結婚したなら、苦労を乗り越え助け合い全うしましょう。幸せと安定は熟年期以降にあり平穏な晩年になります。

＊月数48（辛亥）の枝の性質

人情家で思いやりがあり、人のために損得抜きで動くお人好しです。理解され感謝されることが喜びになり満足しますが、思いがすれ違い報われない時は、内面に怒りや不満がくすぶりそうです。先回りして気を使い、必要以上に気配りをしますが、喜ばれるよりやり過ぎと思われる心配があります。親切心が迷惑と思われるのは情けないことです。心がさ迷わないよう、自分の目標や目的を明確に持ち、計画的に集中して取り組みましょう。ひたむきに一つをやり続け、実力や実績が付いてくると大きく発展する可能性が高まります。良い理解者が定まると共に安定していき、晩年は平穏な安らぎを得るでしょう。

易
日
年
月

*月数49（壬子）の枝の性質

一見おとなしく気難しく見えますが、夢や憧れがあり、明朗で大らかさもあります。

長期的な目標を持ち、コツコツと持続して必要な能力を磨いて安定を目指すと未来が開けてきます。無理をして成功を焦り、実力に見合わない重荷を背負うと、経済的にも精神的にもダメージを受けるでしょう。状況に応じ、実力に応じて、無理せず日々を堅実に積み重ねていくことが成功への道です。節約し蓄積できれば安心ですが、無計画では苦しくなります。

晩成型と達観して安定を目指して長期的な目標を持ち持続しましょう。目前の問題に誠実に適切に対処していけば着実に進展し、平穏で幸せな生活を築くことができます。

*月数50（癸丑）の枝の性質

天然ムードで鈍感に見えますが、周囲の状況をじっくり眺めて行動する慎重な人です。

環境に順応して無理はしませんが、役割や立場に忠実で責任感もあります。内面の情緒も豊かで、趣味や芸事なども始めたら長く持続して相当の域に到達するでしょう。決めたことは集中して着実にやり遂げる根気があります。付和雷同せず達観した雰囲気がありますが、周囲に気を配り必要な時は反応し適切に動きます。相応の実力が伴わず依存心が強くなると、逆に頑固で動かない厄介な人にもなります。謙虚で柔順で温和な長所を伸ばし、着実に実力をつけて望む安住の場へ到達しましょう。

＊月数51（甲寅）の枝の性質

強い意志や発展への意欲があり活動力もありますが、環境に逆らわず謙虚さがあり、円満な人間関係を保ちます。一本気で潔く、作為もなく人をだまして抜け駆けをすることもありません。目上に可愛がられ、その分競争心の強い人に妬まれる心配があります。安易に持ち上げられて行動しないよう注意しましょう。行き詰まる時に、我慢より変化を求めて無理をする傾向があり、危険にあえて挑戦すれば大きな挫折を経験します。信頼する人の忠告や意見を聞き、人生を急がず遠回りでも平たんな道を進み、良い時を待てば道が開きます。平穏な生活を築き持続することで安定します。

＊月数52（乙卯）の枝の性質

明るく意欲的で、大らかな中に一本気で芯の強さがあります。穏やかに周囲と協調して進めば立場も安定し発展します。好調な時は用心が必要で、自信過剰になり、勢いついてマイペースに動くと、紆余曲折して行き詰まるでしょう。世の中の常識や手順などを軽く考えると、協力や支援を失い孤立する心配もあります。苦しい状況の時は、成長のための愛のムチと思い、信頼を取り戻すためにきっちり立場を守り秩序に従いましょう。一層実力を磨き努力していけばまた助けられて回復します。優れたアイデアや発想も皆の協力がなくては発展できません。素直に長所を伸ばして円満で安定した生活を築きましょう。

易
日
年
月

＊月数53（丙辰）の枝の性質

明るく潔く豊かな感受性があり、好奇心や刺激を追いかけて果敢にチャレンジします。負けん気が強い半面繊細で傷つきやすく挫折に弱いため、若い時の失敗は大きなダメージにもなります。周囲の人を思い謙虚であれば、行動する前に早く気付くことができます。

自制心を働かせ自分の能力を磨きのばすことに励みましょう。恵まれた素質ですが磨かない玉は光りません。経験する必要のない無駄や無用な興味を潔く排除して、上昇への意欲をまっすぐに伸ばしていくと豊かな感性が輝きだすでしょう。良い人と接し優れた人に学んで得意を伸ばし、謙虚に公平に円満な関係を築いて成功へ導かれ安定が続くでしょう。

＊月数54（丁巳）の枝の性質

温和で人当たりがよく、若い時には見かけに共感して人を選び、情熱のままに行動して失敗を経験しそうです。一方通行の熱意が報われずに執着することは人生の浪費と思い潔く切り替えましょう。若い時の失敗や挫折は心の肥料にすることです。そのためにも人への依存心を持たず、自分のやりたいことや目標を明確に持ち方向を定めましょう　目的ができると良い環境を選ぶことができます。良い人と交わり、良い習慣の中でよい意味の執着心が磨かれて能力を高め実力がついてきます。低きに流れないよう、願いに向かい着実に努力して個性を伸ばしていくことで、心が通じ合う温かな喜びに導かれるでしょう。

＊月数55（戊午）の枝の性質

明朗活発で社交的で好感度が高く、パワフルな行動力や表現力が豊かで優れています。若干緻密さに欠けて地道な作業を嫌い計画的な動きが苦手でしょう。人に慕われ人を集める魅力があり、良い仲間を求め苦手を補う人がいれば、大いに発展する機会に恵まれます。

自分中心の考えや自信過剰に動くと失敗します。周囲の願いや求めを察知して目標を定め、協力者や支持者に恵まれて大きく伸びていくでしょう。勝ちにこだわり、大らかに堂々と行動しますが、敗者や弱者のことばや経験を知り学ぶことで、謙虚さや人間性が高まり、警戒心も備わってより発展性が増し成功へ導かれるでしょう。

＊月数56（己未）の枝の性質

温和で快活で好感度が高く、皆の心地よさを大切にする社交上手です。観察力や直観力が優れ、人付き合いも良い加減を心得ているため、いるだけで皆が安心するような存在感があります。高い夢や理想がありますが、負けず嫌いのわりに競争を嫌い、現実の楽しみや生活に流されて、追求し続ける根気に欠けそうです。プライドも高く中途半端な自分を隠し虚勢を張ると、徐々に言行不一致になって信用を失う心配があります。良い人と交わり優れた人に習い、競い合う厳しい環境に鍛えられて持続力を磨きましょう。小さな完結の喜びの積み重ねが、大きな夢を成就する強い勢いと力を引き出します。

＊月数57（庚申）の枝の性質

器用で多才な上に身内や仲間思いの親分肌です。雄弁で盛り上げ上手ですが、わがままな仕切り屋にもなりやすく、独断専行やえこひいきをすると円満な人間関係を崩し味方の信頼を失います。好調でも慢心せず謙虚さを忘れずに、築いた人脈や実績を土台にして、着実に信用と実績を蓄積していきましょう。本音と建前があり、良くも悪くも知略に優れ、機転が利き気配り上手で頼りがいがある半面、損得や利害関係を優先する傾向もあります。苦労の経験をプラスに生かし、人の信頼関係を守り持続して豊かな人間性が磨かれます。気移りせず実力を磨き、日々の実績を蓄積して成功を導き、余裕と安定を築きましょう。

＊月数58（辛酉）の枝の性質

環境に順応して穏やかで温和なイメージですが、現実を見る目は鋭く、冷静な観察力と熟成した大人の判断力を持ちます。雄弁で多才ですが、融通が利かない頑なさや生真面目さがあります。上の信頼に応え、下の人の苦労も理解する懐の深さがありますが、ルールに厳しく自分を抑制する分、小さな怒りや不満をため込む傾向があります。利害の絡まない交友関係に安らぎ、趣味を極めていくなど、上手にガス抜きをすることが必要でしょう。束縛に疲れて安易に離脱すると苦労するだけでよいことはありません。素直に柔順に現実を受け入れる中で、夢や理想をかなえるために着実に実力を積んでいきましょう。

＊月数59（壬戌）の枝の性質

人間味も包容力もあり、情が豊かで良い人間関係を築きます。公平な見方をしてバランス感覚も優れて、私利私欲の少なく潔い性質ですが、我慢が続くと抑圧された感情や短気な行動が自分を追い詰めることにもなります。目下の人や若い人に慕われるため、強く求められると責任を感じて断れずに流される傾向もあります。良い人を演じず現実を守る意識を持ち、自分自身の発展への意欲を高めることが大切です。信頼の継続を大事に、取り組んだことは完結させる責任を優先して安定を守りましょう。大きな方向転換は慎重に決断し、共に苦労を乗り越えた人や築いた信頼を守ることで、晩年に安らかな平和が訪れるでしょう。

＊月数60（癸亥）の枝の性質

情が深く思い込みも強いので、互いの思いが通じ合えばひたむきに忠誠心を発揮してパワフルに働くでしょう。直観力があり気付いたことを迅速に対処して不安を取り除く努力をします。純粋でひたむきな分、思いが通じない時は深く落ち込み、攻撃的になれば強い怒りをぶつけてしまいそうです。どちらもマイナス点で、短気を起こさず大らかに乗り越えることが賢明です。思い込みや一方的な疑心に陥らないよう、信頼できる相談相手や公私に率直に話せるパートナーを持つことが安心です。おおざっぱに見えて純粋で可憐なものを好む繊細さがあります。

人に依存せず平等な信頼関係を築き真の実力者となりましょう。

易
日
年
月

第二章
啓山易学とは

易とは何か？

易のことばの語源にはいくつかの説があります。

意味は「変わる・あらためる」ですが、簡易・安易・容易のように「やさしい」の意味もあります。『常用字解（白川静著）』によると、「玉の霊的な輝き、日・太陽の光が放射する形であり、その輝きはものを変化させると考えられた」といいます。「そして変わる」意味はエキと読み、「やさしい」はイの音で読むとあります。ことばの意味が示すように、易は万物の変化を表し、易学は森羅万象の変化を説く学問といえます。そして変化の法則はとてもシンプルなので易（やす）しなのです。

万物は陰と陽の組み合わせで成り立ち、万物の変化を促すのは天地のはたらきです。

そして天地自然界の変化は、陰陽の増減の変化とも言い換えられます。

限りなく無限で広大なマクロの世界から、限りなく微小なミクロの世界まで、同じ陰陽の変化のはたらきの下に限りある命の営みがあります。同様に地上の自然界の住人である人も動植物も小さな微生物に至るまで、無限の変化の中で限りある生を営んでいます。

陰陽の変化は、進化し生長する時は細分化を促進します。例えば一本の木の枝葉が縦横に枝分かれして伸びるように、進化し発展する陽の勢いは細分化のはたらきです。

そして発展が窮まると、衰退がはじまります。自然界では、枝になる花や実や葉が枯れ落ちる現象ですが、同時に幹や根を守り、次世代に子を残すように、新たな生命をつなぎます。

このように発展が窮まり滅ぶ前に、収束を促すのが陰の重要な働きです。

自然界は四季の変化のおかげで、生命を循環する仕組みがはたらいています。陽気が増して成長と発展の勢いが盛大になり、細分化が窮まると行き詰まり、そこで陰気が生じていく収束の現象は、衰退ではなく逆に根幹を守るはたらきなのです。

発展は過密をもたらし、そこに様々な自然淘汰がはたらきます。淘汰は辛い現象ですが、一方で自然界のバランスを保つはたらきです。庭師が枝を落とす剪定や果樹農家が実を切る果断などの省きの作業は、自然界の淘汰の現象とよく似ています。人も発展し過ぎて滅びないよう、欲望を加減し省く勇気が大切です。

人の生命と平和を保つために陰陽の絶妙なバランスがあり、これを易は「中」と表現します。陽から陰へ、陰から陽へ、発展と収束、細分化と統一を繰り返して自然のはたらきが、無限に循環するために「中」がはたらきます。この易の「中」の道こそ多くの聖人賢者が目指したもので、中庸・中正は最も重要な人の徳と位置付けられました。

無限に変化を続ける自然界に生きる有限の生命である以上、人も草や木や動物たちのように、自然と共に生きる感覚を持つことは大切です。そして季節ごとに咲く無数の花があるように、人の個性も無数です。

易を知ることは、命を生かす道を知ることで、様々な環境に応じて、改善し修正して変化し、様々な淘汰を乗り越える賢明さと強さを養うための知恵の宝庫といえます。

啓山易学は一つの「発見と気付き」から生まれた新たな性質の見方

啓山易学は、「易は数学」という根拠を探究する過程で導いた、易の新しい理論をベースに、人の性質に深く関わる潜在的素質を知るための見方です。発端は知り得る限りどこにも書かれていない「一つの発見であり気付き」でした。それは一人の人間は、全てが違う個性を持つ尊い存在ということを改めて実感したことでした。

人が生まれたその日には、遺伝子のような数の組み合わせがあり、その年月日の数の組み合わせは、１９８０年周期で訪れる、７２３１８０日目の一日という事実です。親が違い環境が違えば同じその日の生まれでも、生の一歩から異なる道を歩むでしょう。

結局自分という一人は、生きている間もその後も絶対に二人とない個性を創造する存在だといえます。

この数の組み合わせを伝える方法はないものかと、日々考え続け調べ続けていった結果、この数が最も古い易と相関しているという「発見であり気付き」でした。もしかしてというひらめきもありました。結果的に、今では幻の易のように扱われている、最古の数学の易の実在を確信できました。そして現代に伝わる周易の教本でもある『易経』の優れた比喩・例えのことばから、数が示す人の個性をことばで表す方法を見出しました。

生まれる時に遺伝子のように備わる素質は最古の数学の易から導きますが、次元が変わる地上に生まれた後の人生は、四季を表す周易の下にあることが自然です。また最古の易は六十進ですが、地上は地球の時を刻む十二進法が使われています。そして、日本では六十進法の数は干支としてつい近年まで当たり前に使われていました。また十二進法の数は、干支から干を取った、誰でも知っている十二支なのです。

この二つの数の源は一つで、それが太極図に表す、最古の易の自然界の循環の仕組みでした易や太極図などは一般にあまり知る人が少ないと思いますが、易として体系づけられて発展した中国をはじめ、朝鮮半島や日本では、干支の暦として人々の生活に深く関わってきました。六十進の発祥はさらにシュメール文明に遡ると思われます。

干支数と相関する易のことばは、生まれた年月日のどこかに該当するもので、数の持つ性質や傾向を示し、人生の指針や道しるべとなります。この本は、これらの理論をベースにして、年月日の数の組み合わせで生まれる生命の個性を一本の木に例えています。

易のことばは、自分の木の素質を知り、強みは伸ばし、弱点は修正改善して、花を咲かせ実を付けるよう、上手に育て生長し発展するための指針となるでしょう。色々な性質的な弱みは誰にもありますが、これを自覚するだけで相当改善されます。逆に強みを知らなくては人生の損失です。とはいえ自分という「生命の木」は一つしかないので、723180人分を書物に表すことはとても無理なのです。本書は根と幹と枝の60通りの個性と、元になる六種類の種子の個性をマニュアル化しています。種子・根・幹・枝の個性を知り、強く元気な自分の「生命の木」を育てていただく一助となり、また道しるべとなればと願っています。

先天図易と後天図易という二つの易

私は長年、易学を応用した実践学の講師として専門家育成に携わってきました。そんな中で、故人である師の理論を忠実に研鑽してきましたが、易への謎や興味は深まるばかりでした。その一つは現存する太極図や易の展開図と、私が携わった実践易学や、現代に伝わる周易も、共に易の八卦の配列が異なることの疑問でした。

組織を離れて自由な立場になった2010年頃から、改めて多くの関連する書物を読みましたが、その答えを書物から得ることができませんでした。

易の歴史をたどると、古代に易は二つあり、それぞれ創られた時期から、先天図易と後天図易と呼ばれていると、多くの易の書に書かれています。後天図は現代に伝わる周易を生み出したものです。しかし先天図については、私の知る限り『易経』をはじめ、易関連のどの書物にもその詳細は書かれていません。

中国の創生神話に登場する三皇五帝の三皇の一位である、伏羲《ふくぎ》が創ったという伝説がありますが、半人半蛇に描かれる伏羲がそもそも実在したのかも不確実としています。

いわば先天図は『幻の易』のように扱われていました。

古代史をたどれば、紀元前数千年前のアジア地域は、海と陸地の両ルートから、多くの民族が往来し、また先々で定住して、やがて多くの部族国家を形成していった歴史があります。

現在の中東のメソポタミア文明は最古の文明と言われますが、その地に長く高度な文明を築いたシュメール人は、今から数千年前に戦いに敗れ、多くの遺物や遺跡を残して忽然と姿を消したといいます。そこで優れた技術を持つ海人であったシュメールの民が、海を渡り世界の各地に到達したということは、十分考えられる話です。

日本も、古事記や日本書紀に書かれている歴史よりかなり以前から、民族の往来があったという根拠が多くの研究者により示されています。かつて沖縄の久高島を訪ねた時に、島の方が、五千年の昔、南インド方面から来た海人族が遠い祖先であると、当たり前のように話され、ここにもシュメールが！と驚いたことがあります。また旧約聖書にある、古代ユダヤの失われた十支族が日本に到達したという、日本ユダヤ同祖論に関する研究や書物は多く、個人的には興味深く思っています。日本を含め、海に通じる他の国々も、海をよく知る高度な知識と技術を持つ民族なら、行きつくことはできそうです。その一部の人々が、広大な現中国の地域に到達していても不思議ではありません。天文・医学・数学・農学・造船などの高度な文明を持つ人々が、到達した地に住む人々を指導する立場となったとすれば、多くの謎の答えが見えてきます。

古代神話の神々は実在したかはロマンとしても、優れた人物がその地の王となって民を導いたという推論は十分可能です。そして文字を知らない人々を導くために、数式を陰陽二つの記号で表し、文物を発明し制度を整えたものが最古の易という確信を持ちました。

なぜなら、陰陽の組み合わせである易の展開図は、その二千年以上後に数学の基礎として発表された、二項の組み合わせ方程式である二項定理と同じだったのです。

最古の易は陰陽の組み合わせの数式だった

易の展開図（P244）は、元となる太極が陽と陰に分かれて発展していくことを示す図です。陰陽が順に組み合わさり発展する展開図は、数学の二項の組み合わせが展開する方程式と同じでした。数学では二項定理といいます。二項定理は初等代数学の基本となるもので、理数系の人達にはなじみのある数式でしょう。この組み合わせの形は、紀元前4世紀ごろには知られていたという記述があり、現代まで数学の基本的な定理として様々な分野に活用されている数式です。そして17世紀にフランスの数学者パスカルが、二項が展開する係数を「パスカルの三角形」として表したものが、次ページの上の図です。

下の図は、易の展開図の陽と陰を組み合わせた数を表したもので、「易の三角形」といいます。この図は、易の陰陽が段階的に何通りに展開するか、その数を示しています。二つの図を比べると、全く同じ数であることが分かります。パスカルの三角形は紀元17世紀に発表され、易の三角形は、紀元前二千年以上前に創られたという最古の易の、段階的発展の過程を示しています。逆説的ですが、このことは、易が数式であることの証明でもあり、年代順で言えば易の数式が数学の二項定理として活用されたとも思えます。

【パスカルの三角形】

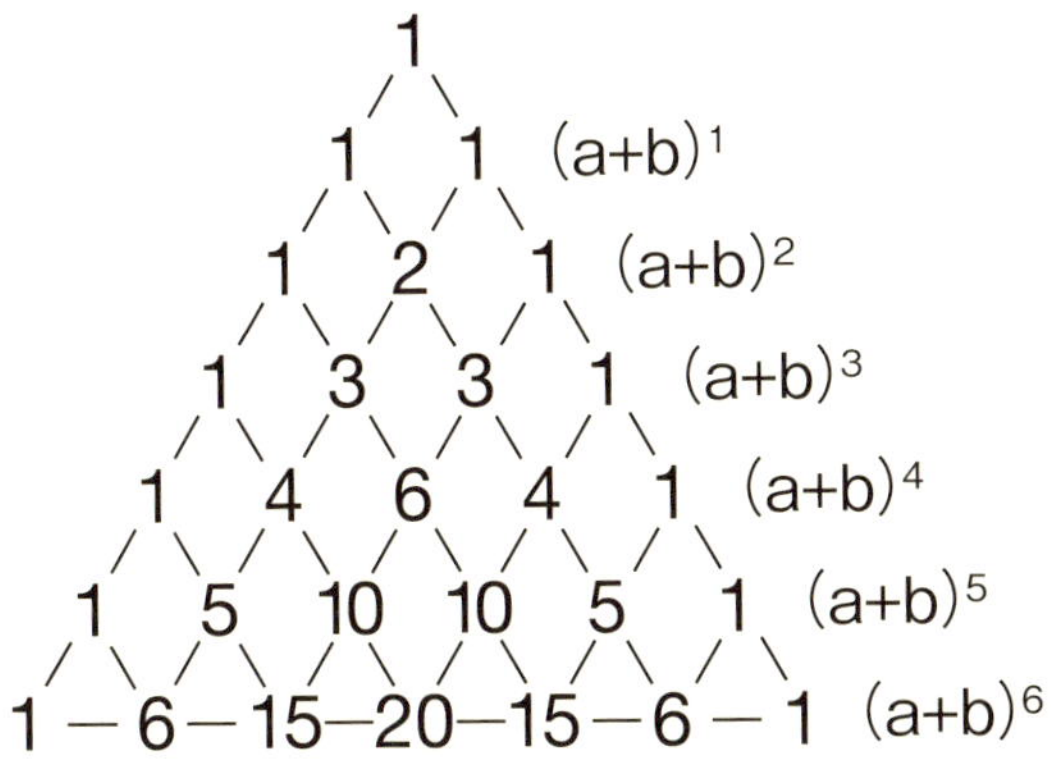

【易の三角形】

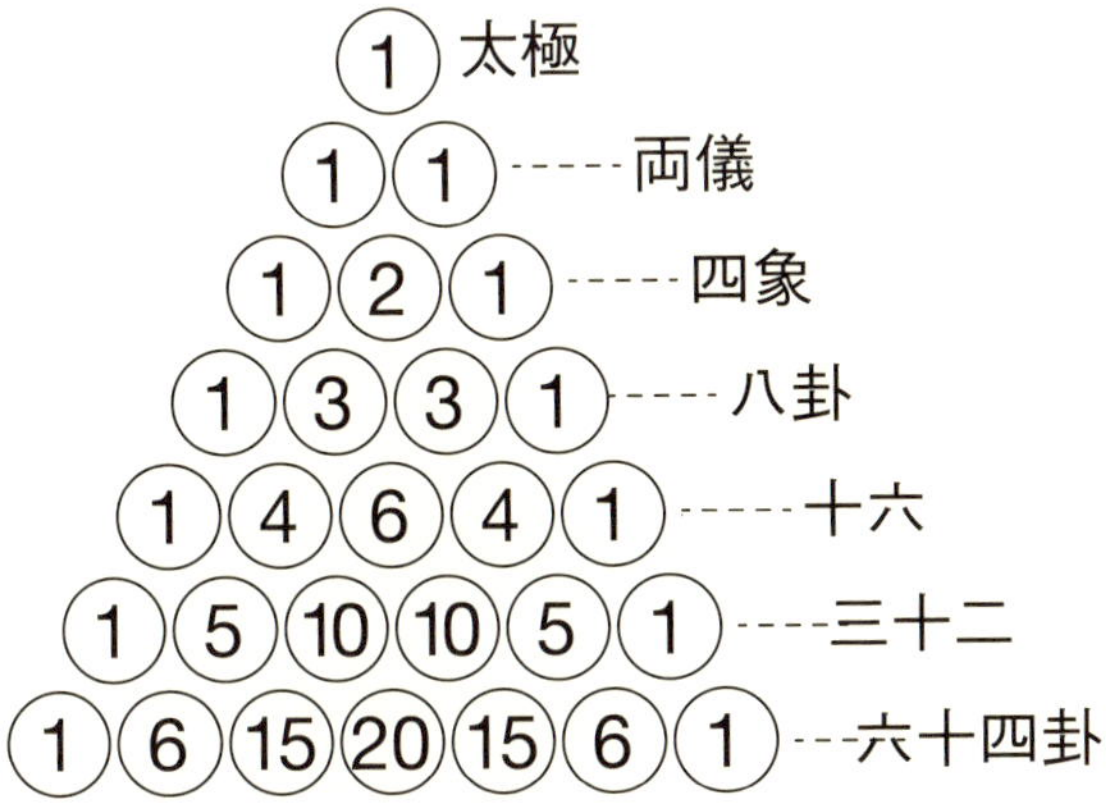

【易の展開図】

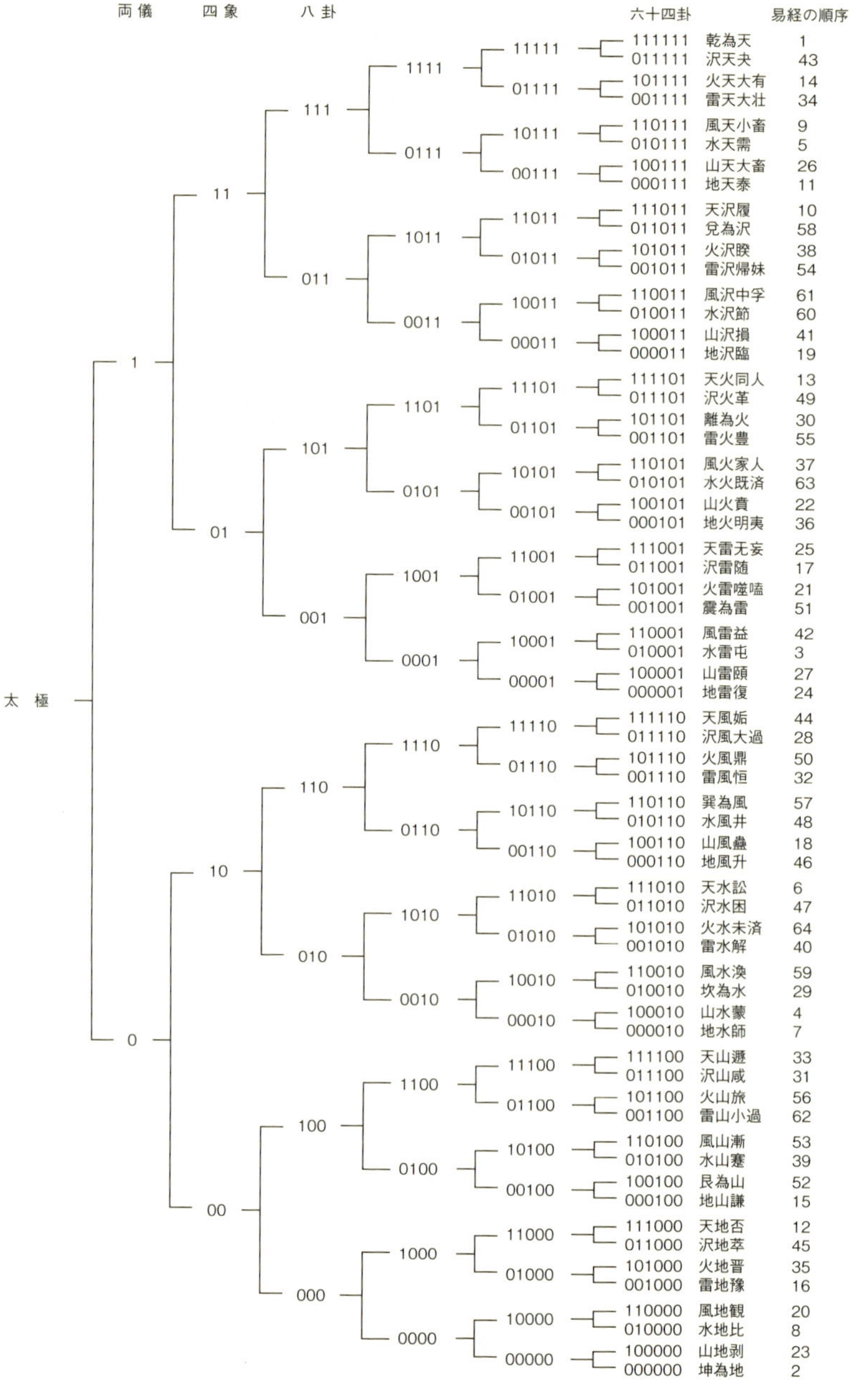
両儀
四象
八卦
六十四卦
易経の順序
太極
1
0
11
01
10
00
111
011
101
001
110
010
100
000
1111
0111
1011
0011
1101
0101
1001
0001
1110
0110
1010
0010
1100
0100
1000
0000
11111
01111
10111
00111
11011
01011
10011
00011
11101
01101
10101
00101
11001
01001
10001
00001
11110
01110
10110
00110
11010
01010
10010
00010
11100
01100
10100
00100
11000
01000
10000
00000
111111 乾為天 1
011111 沢天夬 43
101111 火天大有 14
001111 雷天大壮 34
110111 風天小畜 9
010111 水天需 5
100111 山天大畜 26
000111 地天泰 11
111011 天沢履 10
011011 兌為沢 58
101011 火沢睽 38
001011 雷沢帰妹 54
110011 風沢中孚 61
010011 水沢節 60
100011 山沢損 41
000011 地沢臨 19
111101 天火同人 13
011101 沢火革 49
101101 離為火 30
001101 雷火豊 55
110101 風火家人 37
010101 水火既済 63
100101 山火賁 22
000101 地火明夷 36
111001 天雷无妄 25
011001 沢雷随 17
101001 火雷噬嗑 21
001001 震為雷 51
110001 風雷益 42
010001 水雷屯 3
100001 山雷頤 27
000001 地雷復 24
111110 天風姤 44
011110 沢風大過 28
101110 火風鼎 50
001110 雷風恒 32
110110 巽為風 57
010110 水風井 48
100110 山風蠱 18
000110 地風升 46
111010 天水訟 6
011010 沢水困 47
101010 火水未済 64
001010 雷水解 40
110010 風水渙 59
010010 坎為水 29
100010 山水蒙 4
000010 地水師 7
111100 天山遯 33
011100 沢山咸 31
101100 火山旅 56
001100 雷山小過 62
110100 風山漸 53
010100 水山蹇 39
100100 艮為山 52
000100 地山謙 15
111000 天地否 12
011000 沢地萃 45
101000 火地晋 35
001000 雷地豫 16
110000 風地観 20
010000 水地比 8
100000 山地剝 23
000000 坤為地 2

私が、易の展開を表す易の三角形と、数学の二項定理（パスカルの三角形）が同じであることを知ったのは、『易のニューサイエンス』（蔡恒息著、中村璋八・武田時昌訳・東方書店発行）という本です。著者は科学者ですが、中国哲学にも精通し、科学的な見地からコンピューターで解析して八卦（易）を説いています。蔡恒息氏は儒学の正当とされる朱子学を大成した南宋の朱熹（1130–1200）が、最も信頼したという高弟の蔡元定の子孫であることも、易の研究を深める必然があったのだと思います。この本を読んだ時、私は易が科学であり数学であるという考えを確かなものと実感しました。生物学的な遺伝子情報と易の六十四卦を関連付けて解析する内容で、難解でしたが八卦の解釈はとても興味深く、啓蒙され感銘を受けた一冊です。

当然コンピューター数字である、０・１を陰陽の表現に用いていますが、この表現はとても分かりやすく、私もその後は、陽１・陰０を用いています。ただ、蔡氏の表現とは逆で、易の卦を見たとおりに１・０に置き換えて表現しています。例えば八卦の沢《たく》は上から陰・陽・陽ですが、これを上から０１１と表し、横書きは左を上に０１１と表します。逆の風《ふう》の卦１１０と間違えないためのルールとしました。この表現により、易の卦がとてもわかりやすくなります。

また清の康熙帝《こうきてい》の側近だった仏人宣教師の手紙に易の図が添えられて、ドイツの哲学者ライプニッツにわたり、彼は六十四卦の配列が０～63に至る二進法数学であることを発見したと記されています。そして、このライプニッツの見た易はまさに「先天図易」でした。

そしてこの本との出会いが、その後に干支数と易の関係に気付く起点となりました。

太極図を球体で現すと無限の循環が見える

太極図は韓国の国旗にも描かれている、二色に色分けされた単純な図柄です。しかしそこには、宇宙自然界の循環を解く膨大な情報が詰まっています。そして易の展開図は太極図の中身を表したものです。易の六十四卦は一陽の地雷復・000.001から全てが陽の乾為天111.111までが陽が発展する三十二卦、一陰の天風姤・111.110から全てが陰の坤為地000.000まで、陰が増す三十二卦で表されます。〔太極図1〕はこの陰陽の展開が中央のS字形に循環するように描かれています。

陽が地雷復000.001から始まることは易の共通の認識ですが、乾為天111.111で窮まってS字に陰に移ると、陰の窮まる坤為地000.000に行くことになります。下から一陰生じる天風姤111.110に行きたいのですが、S字ではつながりません。

太極図を眺める日々でしたが、ある日無限の天を表す太極図は平面で見るのではなく、丸い地球のように、球体を表したのではとふと思いました。球体であれば、裏側にもS字の道が通じているはずで、表裏のSとSが連結すると8の字になり無限を表す∞となります。

∞の道ができると乾為天111.111からくるりと一巡して天風姤111.110につながります。

球体の太極図は、確かに陰陽の無限の循環∞を示していたのです。

時の巡りは右方向に進むので時計回りといいますが、平面的なS字では陰が左回りになってしまいます。陰陽が逆転すると説く研究者もいますが、私は陰も陽も時計回りでなければ、無限の時

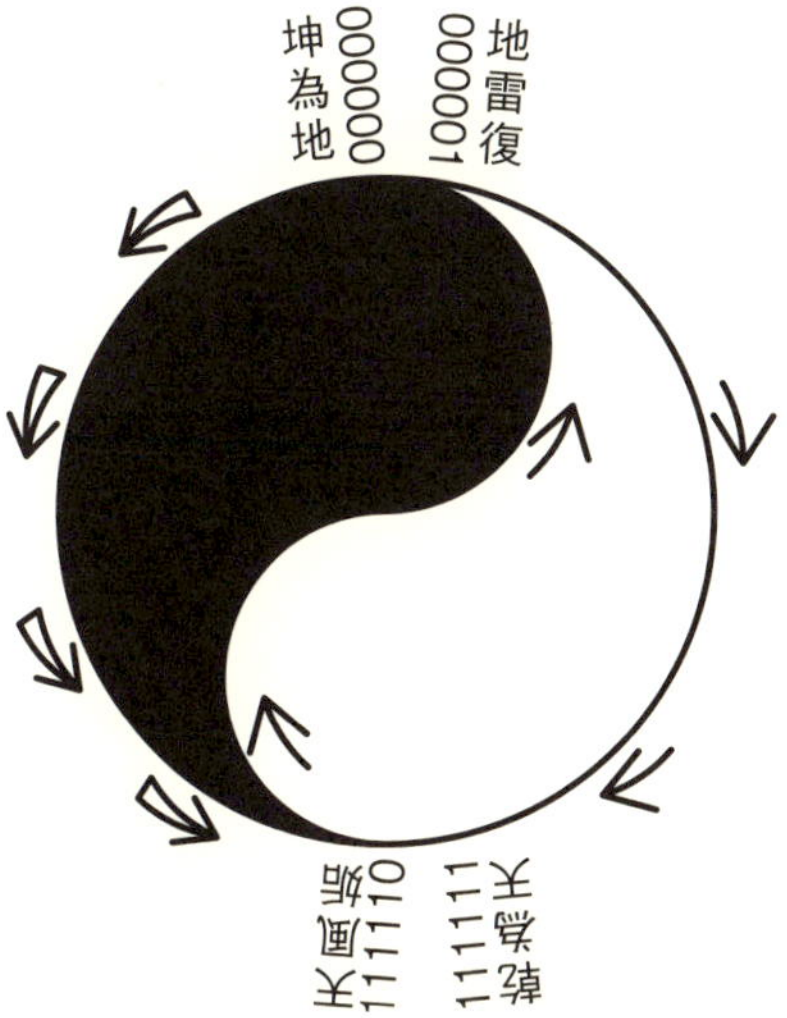
坤為地
000000
地雷復
000001
天風姤
111110
乾為天
111111

【太極図1】

坤為地
000000
地雷復
000001
天風姤
111110
乾為天
111111

【太極図 2】

ます。

の循環はないのではと思っていました。陰陽双方が∞の字に巡ればどちらも時計回り、右回りになります。

そして後世作られた、無限を表す記号∞との合致に驚き、大いに納得したのです。

一つ大きな疑問が解けると他の疑問も解けていきます。易の三角形（P２４３）の最下段の数は合計すると64ですが、その陰陽の組み合わせが、易の六十四卦で示す万物万象を表す数式であること、そして遺伝子情報なのだということも…。

陰陽を分ける中央のS字の道がくるりと一巡する∞は、空体、あるいは宇宙の無限のはたらきを示すものでした。∞は陽が生じて窮まり陰が生じて窮まり、また陽に転じる無限の道筋でした。こうして、太極図は絶対真半分にできないといわれることを納得しました。

この太極図の循環について∞であるという記述は、いろいろ調べましたが現時点では他に見つけることができませんでした。しかし矛盾や疑問が解けた以上、この見方をとろうと思い、啓山易学の太極図は以後球体で示すことにしました。

最古の易の六十四卦から六十進法の暦・干支が創られた

最古の易は数学であるという確信から、六十進法の暦である干支について考えました。

古代神話の神となった伏羲《ふくぎ》は庖犠《ほうぎ》という別名があり、始めて調理に火を使い、食を進化させた人物として伝わります。今でも料理を司る氏家では、伏羲を神として祀っているそうです。易経の解説書である『繋辞伝《けいじでん》』には、古代天下を納めていた伏羲は、易の卦に則って縄を網み、その網で狩りや漁を教えたとあり、また次の神農も易の卦に則り、木を削って農具を作り万民にその使い方を教え、あるいは市場の制度を考案し、交易の仕組みを作ったとあります。さらに次の黄帝《こうてい》や暁帝《ぎょうてい》・舜帝《しゅんてい》など、三皇五帝として伝わる古代神話の聖王たちも、易の卦により文物や制度を整えて万民を導いたと記されています。そしてその易とは、最古の易と言われる先天図易でしかありえません。なぜなら伏羲など三皇五帝がいたとされる時代は、ＢＣ２０００年と言われる中国史の始まる、夏の時代よりずっと以前の伝説だからです。

中国最古の正史である、司馬遷《しばせん》の『史記』（ＢＣ90年頃）は、黄帝から始まります。古代の聖王である五帝の一位である黄帝は、今でも中国民族の誇りとして、黄帝紀元を用いたり、黄帝の子孫を名乗って士気を高めるといいます。そして干支は黄帝が創らせたという記述が古書に記されており、これが定説となっています。文物や制度など、様々な発明や創造をもたらした数学の易から暦を創ることは当然と思えます。自然と共に生きるために、不可欠で重要な目安となる暦は、古代の王が最優先すべきことだったでしょう。

その後BC1500年頃から数百年続いた殷（商）の遺跡が数多く発見され、その中に干支を象形文字で記した多くの遺物が発見されています。その後、BC1050年頃、現代に伝わる周易を生み出した周が殷を滅ぼして建国します。干支が創られたという黄帝の時代からおよそ千数百年後のことです。易の歴史の詳細は別として、干支は、はるか古代に創られた先天図易に由来する数の暦であることは確かなことでしょう。

干支暦は年に月に日に何千年も正確に時を刻み続け、今日という日も未来の一日も、正確に年月日の干支数を知ることができます。干支の大還暦は私の計算では60年の33巡目、1980年周期ですが、実際に四千年分の干支数暦を作成し確かであることを検証しました。

しかし易の多くの優れた知恵を人の役に立てるためには、干支数と易の関係性を明らかにすることが不可欠でした。六十四卦から60の干支はどのようにして生まれたのか…最終的にこの疑問と向き合いました。説明できる根拠を基に60の干支数と易の展開図の関係を導いたものが、啓山易学が独自に発表する巻末の「干支と易の相関表」です。

十年前に完成したのですが、確かめる資料が皆無のため、実用化するには多くの実践の検証が必要でした。研究当初から共に研鑽した10名の仲間がいます。今は啓山塾の師範となった皆さんです。数年間その方たちと共に、歴史上の人物や事象をはじめ、現代の人や出来事など、数えきれないほどの多くの検証を行いました。そして現在、相談に来られる方々に、干支と易から生まれた、新たな啓山易学の見方を自信をもってお伝えしています。

人の生年月日の干支数に宿る潜在的な性質の見方

干支数と易の関係から導いた人の性質の見方は、初めて本書で公式に発表するものです。それは、723180日の一日を特定する年月日の干支数の組み合わせです。干支を八卦の並びが異なる周易に合わせても、干支数と易の意味が重なることはありません。干支は太極図に即した先天図易に相関しているものです。干支暦は例えば途中で元号が変わっても、また暦法の異なる様々な暦であっても、正確に西暦に換算できる優れものです。そしてシンプルに、年に月に日に60を数えて無限の時を刻む暦なのです。

さらに易のことばは、古代の賢人たちが、比喩（例え）を用いた優れた易経の表現を、年月日の干支数の道しるべとして、現代に活用できる形に表しました。

易経は多くの聖人賢者を導き、長く帝王の学とされましたが、二千年を超えるロングセラーの書として現代に伝えられ、いつの時代でも、どの立場でも、またどの年代の人でも応用できる知恵の宝庫です。

そして全編に流れるのは命を尊び、命を守る思想であることを理解しました。

理論や理屈が面倒でしたら読み流してください。第一章の使い方ナビに沿って、ご自身や周囲の方の生年月日の干支数に重なる易のことばを、道しるべと思って読んでみてください。

そして年月日の干支数がよみとく隠れた能力を発見し、人生を開く一助となればと思います。

∞

干支数	易の卦	読み方	干支数	易の卦	読み方
31	111110 天風姤	てんぷう . こう	46	111100 天山遯	てんざん . とん
32	011110 沢風大過	たくふう . たいか	47	011100 沢山咸	たくざん . かん
33	101110 火風鼎	かふう . てい	48	101100 火山旅	かざん . りょ
34	001110 雷風恒	らいふう . こう	49	001100 雷山小過	らいさん . しょうか
35	110110 巽為風	そん . い . ふう	50	110100 風山漸	ふうざん . ぜん
36	010110 水風井	すいふう . せい	51	010100 水山蹇	すいざん . けん
37	100110 山風蠱	さんぷう . こ	52	100100 艮為山	こん . い . さん
38	000110 地風升	ちふう . しょう	53	000100 地山謙	ちざん . けん
39	111010 天水訟	てんすい . しょう	54	111000 天地否	てんち . ひ
40	011010 沢水困	たくすい . こん	55	011000 沢地萃	たくち . すい
41	001010 雷水解	らいすい . かい	56	101000 火地晋	かち . しん
42	110010 風水渙	ふうすい . かん	57	001000 雷地豫	らいち . よ
43	010010 坎為水	かん . い . すい	58	110000 風地観	ふうち . かん
44	100010 山水蒙	さんすい . もう	59	010000 水地比	すいち . ひ
45	000010 地水師	ちすい . し	60	100000 山地剥	さんち . はく

【干支数と易の相関表】

∞

干支数	易の卦	読み方	干支数	易の卦	読み方
1	000001 地雷復	ちらい．ふく	16	000011 地沢臨	ちたく．りん
2	100001 山雷頤	さんらい．い	17	100011 山沢損	さんたく．そん
3	010001 水雷屯	すいらい．ちゅん	18	010011 水沢節	すいたく．せつ
4	110001 風雷益	ふうらい．えき	19	110011 風沢中孚	ふうたく．ちゅうふ
5	001001 震為雷	しん．い．らい	20	001011 雷沢帰妹	らいたく．きまい
6	101001 火雷噬嗑	からい．ぜいこう	21	101011 火沢暌	かたく．けい
7	011001 沢雷随	たくらい．ずい	22	011011 兌為沢	だ．い．たく
8	111001 天雷无妄	てんらい．むぼう	23	111011 天沢履	てんたく．り
9	000101 地火明夷	ちか．めいい	24	000111 地天泰	ちてん．たい
10	100101 山火賁	さんか．ひ	25	100111 山天大畜	さんてん．だいちく
11	110101 風火家人	ふうか．かじん	26	010111 水天需	すいてん．じゅ
12	001101 雷火豊	らいか．ほう	27	110111 風天小畜	ふうてん．しょうちく
13	101101 離為火	り．い．か	28	001111 雷天大壮	らいてん．だいそう
14	011101 沢火革	たくか．かく	29	101111 火天大有	かてん．だいゆう
15	111101 天火同人	てんか．どうじん	30	011111 沢天夬	たくてん．かい

天地水火の働きを除く111111乾為天．000000坤為地．010101水火既済．101010火水未済

【八卦】111天･011沢･101火･001雷･110風･010水･100山･000地

おわりに

この本は、「かけがえのない自分」を、強く認識していただくことがテーマです。なぜ自分はかけがえがない存在なのか…。

その意味を知っていただくために、人を一本の木に例えています。


自分という命は、この世界でたった一つの「生命の木」なのです。

それは生まれた日を特定する三つの干支数が、1980年に一度だけ訪れる数の並びであることです。

そしてその数には沢山の情報が含まれており、遺伝子のように、性質の素・素質を知る道しるべとなるものでした。


人は、華麗なバラを好む人もあり、名も知らない野辺の花に惹かれる人もいます。好みは人の感性の表れで、感性はその人の性質から生まれます。

干支数と重なる「易のことば」は、性質の特性を知り、強みや弱みを知る目安ですが、良い卦も悪い卦もなく、個性や傾向を示すものです。

そして「生命の木」は、根と幹と枝が影響し合って自分という個性を創っています。まずは根と幹と枝の数に宿る性質を知っていただき、今の自分に気付くことがあれば、ぜひプラスに生かしてください。

沢山の実例の検証から、厳しく難しい素質を持つ人が、偉人や偉業を成す人に多い事を知りました。また、華やかで大きな素質を、悪い面に発揮する人もいました。人は異なる環境の中で、人と接し、日々変化します。

そして誰でも、自分の種子の持つ個性の花を咲かせることができます。自分の花を咲かせ、実らせ方をつかむために、性質を知ることはとても役立ちます。この本が、自分らしい生き方や、幸せな人生を導くために、役立てればと願っています。

松山怜佳

松山 怜佳（まつやま れいか）

易学鑑定士として30年間活動し、教材の執筆や講義を通して鑑定士育成に携わる。易の啓蒙活動や古代史研究をライフワークとしている。

紀元前からの4000年の干支歴を作成して干支の大還暦を求め、人に潜在的に備わる素質を、干支と最古の易の相関により導き、独自の理論による『啓山易学』を確立。

2010年から易を学びまた実践する場として「啓山易学塾」を主宰している。

企業の顧問をはじめ、雑誌・書籍・新聞などの執筆に携わり、複数の新聞に掲載する「毎日の運勢」は25年目に入る。神奈川県生まれ、東京都在住。

易でよみとく才能と人生
—自分だけの「生命の木」の育て方—

2017年12月18日　第1版第1刷発行

著　者　　松山怜佳

発行人　　玉越直人
発行所　　WAVE出版
〒102-0074　東京都千代田区九段南3-9-12
TEL:03-3261-3713　FAX:03-3261-3823
Email:info@wave-publishers.co.jp
http://www.wave-publishers.co.jp

印刷・製本　　モリモト印刷株式会社

NDC148　255p　21cm
ISBN978-4-86621-095-7